拐点后中国水泥变革之路
——论水泥战略、营销、管理的基本原理

陈民炜 著

中国建材工业出版社
北京

图书在版编目（CIP）数据

拐点后中国水泥变革之路：论水泥战略、营销、管理的基本原理/陈民炜著．--北京：中国建材工业出版社，2024.5

ISBN 978-7-5160-3859-8

Ⅰ.①拐… Ⅱ.①陈… Ⅲ.①水泥工业—工业企业管理—研究—中国 Ⅳ.①F426.7

中国国家版本馆 CIP 数据核字（2023）第 208559 号

内容提要

本书主要介绍在中国水泥市场的拐点之后和水泥行业大周期转折之后，中国水泥企业面临的各种新的机遇与挑战。在全新的水泥市场环境之下，整个水泥市场需求的趋势预判，水泥市场供需关系的演变逻辑，水泥产能资产的价格变化趋势，水泥企业运营的主要成功要素，水泥纵向产业一体化和横向产业互联网等，都将发生重大的改变。如果中国水泥企业对这些规律的认知不深刻不全面，依然按照之前的经验惯性去经营和决策，可能会造成较大的损失。本书分为5个章节，包括拐点后中国水泥市场的发展趋势、拐点后中国水泥企业的营销变革、拐点后中国水泥企业的产业链协同、拐点后中国水泥企业的互联网机遇、拐点后中国水泥企业的管理创效。本着"授之以鱼不如授之以渔"的原则，本书尽可能多地介绍相关方法论、分析工具和原理框架，并辅助介绍一些应用案例和实施建议，希望对中国水泥企业的高层决策者和中层管理者的实际运作有指导意义。

拐点后中国水泥变革之路——论水泥战略、营销、管理的基本原理
GUAIDIANHOU ZHONGGUO SHUINI BIANGE ZHI LU——
LUN SHUINI ZHANLÜE、YINGXIAO、GUANLI DE JIBEN YUANLI
陈民炜 著

出版发行：	中国建材工业出版社
地　　址：	北京市西城区白纸坊东街2号院6号楼
邮　　编：	100032
经　　销：	全国各地新华书店
印　　刷：	北京印刷集团有限责任公司
开　　本：	710mm×1000mm　1/16
印　　张：	11.5
字　　数：	200千字
版　　次：	2024年5月第1版
印　　次：	2024年5月第1次
定　　价：	**69.80元**

本社网址：www.jccbs.com，微信公众号：zgjcgycbs
请选用正版图书，采购、销售盗版图书属违法行为
版权专有，盗版必究。本社法律顾问：北京天驰君泰律师事务所，张杰律师
举报信箱：zhangjie@tiantailaw.com　举报电话：(010) 63567684
本书如有印装质量问题，由我社事业发展中心负责调换，联系电话：(010) 63567692

前　言

中国水泥市场出现拐点后的机遇与挑战

从 2000 年开始中国水泥行业经过了黄金发展的 20 年，在此之后出现了非常重要的水泥市场拐点。中国水泥市场的拐点对水泥行业来说是新事物，它不是一个明确的时间点，而是水泥行业大周期的一个转折。我认为，中国水泥年需求量 24 亿吨的盛况将一去不复返，这一需求量高点是在中国极特殊情况下形成的，中国水泥市场的未来需求量会慢慢回落到正常水平。在这方面参考全球其他国家水泥市场的发展趋势，将非常有价值。在水泥市场需求出现拐点后的新环境下，既存在新的机遇又面临新的挑战。中国水泥行业的变革必然会发生，中国水泥企业抱着过去的辉煌没有意义，过去的成功经验在未来中国水泥市场环境可能不再适用，甚至可能会把企业带入困境。

我在 2022 年拜访一位水泥行业老前辈的时候，了解到一家水泥行业的头部企业花费重金，聘请了美国著名的咨询公司——麦肯锡做该企业的"十四五"规划，内容包括未来中国水泥市场发展趋势预判、企业战略规划和关键举措建议等。这件事对我的触动很大，让我看到中国水泥企业在未来中国水泥市场趋势研判、企业战略规划和变革举措等方面存在巨大需求。大多数中国水泥企业都有必要做这件事，更需要了解这方面的知识，但是很难承担这么一大笔咨询费用。

中国水泥市场拐点之后，中国水泥市场需求的趋势预判、水泥市场供需关系的演变逻辑、水泥产能资产的价格变化趋势、水泥企业运营的主要成功要素、水泥行业之外的产业链整合和产业互联网业务等都将发生重大的改变。如果中国水泥企业对这些新机遇和新挑战认知不深刻、不全面，依然按照之前的经验惯性经营和决策，那么其业绩可能就会受到影响，做重大决策时可能会出现问题，甚至造成较大的损失。

另外，中国水泥行业关于战略营销管理等方面的研究文章很少，缺少一套相对完整和系统的水泥市场战略营销管理方法论体系，而这部分内容是研究中国水泥市场出现拐点之后变化趋势的基本理论工具。而水泥行业是一个百年行业，国际上水泥企业的战略发展路径、水泥供需趋势分析原理、水泥营销基础原理、水泥产业链发展模式等方法论都比较成熟。让人遗憾的是随着国际水泥企业逐步退出中国市场，很多在国际水泥企业工作过10年以上的高层人才逐渐流失，造成国际水泥企业的成熟方法论工具逐渐在中国国内"失传"，这对中国水泥行业而言是很大的损失。当年拉法基集团中国区30多位总监级以上的专家，如今还在水泥行业工作的已经非常少了。总结国际水泥企业的经典方法论工具，结合中国水泥市场的实际情况加以应用，再分享给更多的中国水泥企业，是非常有价值的一件事。

我结合自己10多年在国际水泥企业做战略和营销总监的知识、经验，包括水泥行业战略营销的基本逻辑框架、其他国家水泥市场的运营经验、美国著名波士顿咨询公司的水泥战略项目方法论、与中旭教育管理咨询的资深老师一起做的水泥企业阿米巴经营模式研究成果，汇总编写成书分享给大家。

本书划分为5章，包括拐点后中国水泥市场的发展趋势、拐点后中国水泥企业的营销变革、拐点后中国水泥企业的产业链协同、拐点后中国水泥企业的互联网机遇、拐点后中国水泥企业的管理创效。这些章节内容是层层递进展开论述的，为了把不同章节核心内容之间的逻辑关系梳理清楚，同时便于读者具体应用和实操本书中的分析结论和方法工具，我把本书所有核心内容进行整合，完成了"拐点后中国水泥变革框架图"。

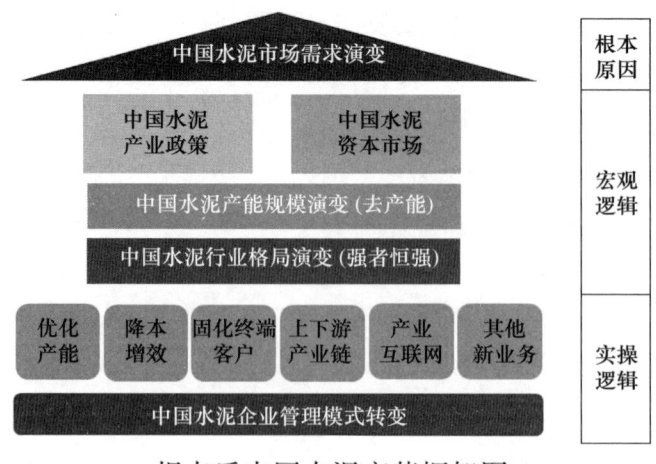

拐点后中国水泥变革框架图

本着授之以鱼不如授之以渔的原则，本书尽可能多地介绍相关的方法论、分析工具和原理框架，并介绍一些真实的应用案例，希望大家通过本书对水泥市场的基本运行逻辑有更深入的了解。本书不仅是理论教材，还对中国水泥企业运作具有实操指导意义。因此在每个章节都给出了一些分析结论和实施建议。关于这些分析结论和实施建议大家也许有不同的观点和看法，希望本书能起到抛砖引玉的作用。

中国水泥行业经过几十年的发展，从前是国际水泥企业向中国水泥市场输入资本和技术，现在是中国水泥企业向国外水泥市场输出资本和技术。展望未来，中国水泥企业有机会在世界水泥市场上大有作为。目前中国水泥企业的平均生产成本已经远远低于国际水泥企业。这导致在海外水泥市场上，一旦有中国水泥企业进入，就会有国际水泥企业退出当地水泥市场。因此，中国水泥企业需要在全球范围内思考未来的市场竞争格局，要在全球水泥市场的竞争中保持优势。中国水泥企业与国际水泥企业相比，除了要继续保持在水泥生产成本上的优势之外，还需要逐步增强在水泥战略营销管理等方面的能力。

最后非常感谢中国水泥协会张建新主任对笔者的提携与支持，感谢《中国水泥》杂志社社长田悦对本书的大力赞助和支持。感谢《中国建材报》山东记者站站长张运科对本书的策划和对本人的鼓励，原本我只想做一些短视频和网络文章，但是张站长认为网络内容比较碎片化，写成一本书更有思想深度和完整性，水泥行业也缺少营销战略方面的著作。另外，还要感谢《水泥工程》杂志社主编贺峰的关心和帮助。

希望本书在水泥行业能够有 20 年以上的生命周期，希望本书中的一些理念和观点在很多年之后，依然能够为大家提供借鉴和帮助；更希望中国水泥企业能够结合自身的实际情况，运用本书的方法和指引，实际落地一些有长期价值的项目，比如区域水泥产能的置换和整合、水泥营销市场格局和核心客户的优化、水泥营销量化管理体系的搭建、水泥一体化竞合运营体系的搭建、水泥家装辅材互联网平台和新业务的拓展、水泥企业阿米巴经营模式的落地等；还希望能够通过本书结交一些致力于中国水泥行业发展变革的良师益友，一起在线下交流。

著　者

2023 年 10 月

目 录

第一章 拐点后中国水泥市场的发展趋势 1
  第一节 拐点后中国水泥市场需求大概率会降至1吨/人 1
  第二节 解决中国水泥产能过剩需政府主导综合谋划 12
  第三节 "量本利"和"价本利"营销战略之后是精细化
          和多元化营销战略 21
  第四节 资本市场是水泥行业的背后推手 33

第二章 拐点后中国水泥企业的营销变革 42
  第一节 水泥营销最优量价和产销平衡策略的实操框架 42
  第二节 水泥企业营销三级管理体系的差异与演变 53
  第三节 水泥营销量化管理打造理性、开放、协作的
          营销自运营体系 64
  第四节 中国水泥行业头部企业的营销创新和格局演变 82

第三章 拐点后中国水泥企业的产业链协同 94
  第一节 水泥企业向上下游一体化业务延伸是必然趋势 94
  第二节 水泥、骨料、商混一体化协同效应助力市场竞合新格局 ... 104
  第三节 水泥、骨料、商混一体化项目优先从地县级市场开始 112

第四章 拐点后中国水泥企业的互联网机遇 119
  第一节 水泥电商平台既是客户服务工具又是营销管理工具 119
  第二节 水泥行业的产业互联网平台机遇在于突破现有思维框架 ... 130

第五章　拐点后中国水泥企业的管理创效 ………………… 143
　第一节　管理创效是中国水泥企业降本增效的重点内容 ………… 143
　第二节　中国水泥企业从自上而下到自下而上的管理变革 ………… 152
　第三节　现在是水泥企业导入阿米巴经营模式的最佳时机 ………… 162

第一章　拐点后中国水泥市场的发展趋势

第一节　拐点后中国水泥市场需求大概率会降至 1 吨/人

讨论中国水泥市场的发展趋势，首先要分析中国水泥市场的需求。它是最重要的行业荣枯指标，决定了中国水泥市场营收总规模理论值的大小，是水泥行业其他指标的基础和出发点。

一、水泥市场需求是水泥市场未来发展趋势的主导要素

要了解中国水泥市场的主要趋势，首先要对中国水泥市场营收总规模和其主要影响要素有一个基本了解。中国水泥市场营收总规模（总销售收入）存在一个理想市场状态下的理论值，它的简单估算方法如下。

第一步，建立公式。中国水泥市场营收总规模的理论值＝中国水泥市场理论价格×中国水泥市场总需求量。

第二步，估算中国水泥市场理论价格。全球大多数国家水泥市场理论价格为 80～100 美元/吨，中国水泥市场与其他国家相比产能更大，竞争更激烈，因此中国水泥市场理论价格应该略低于全球参考值，在 50～70 美元/吨，换算成为人民币在 350～450 元/吨，需要注意的是，不同省（自治区、直辖市）由于自身地理条件和产能环境不同而存在区域性差异。

第三步，估算中国水泥市场总需求量。2016—2020 年高峰时期中国水泥市场需求量为 24 亿吨/年，从而可以估算出 2022—2023 中国水泥市场总需求约为 20 亿吨左右。

第四步，估算中国水泥市场总规模的理论值。综合以上数据得出，中国水泥市场营收总规模的理论值为 8000～1 万亿元/年。

拐点后中国水泥变革之路
——论水泥战略、营销、管理的基本原理

中国水泥市场营收总规模的理论值只是理想市场状态下的一个参考值，而中国水泥市场营收总规模的实际值在大多数情况下低于理论值，甚至远低于理论值。中国水泥市场营收总规模的实际值是中国水泥企业运营和政府相关管理部门管控的结果，体现了所有水泥行业参与者在实际运营过程中的综合经营能力和智慧格局。

中国水泥市场营收总规模的两个影响要素分别是水泥市场价格和水泥市场需求，其中水泥市场价格更加重要，因为水泥市场需求量在短期内相对固定，而水泥市场价格比较容易波动。中国水泥市场理论价格与实际价格的差距决定了中国水泥市场营收总规模的理论值与实际值的差距。

进一步分析，中国水泥市场实际价格与中国水泥市场的竞争状况密切相关，水泥市场无序竞争越多，水泥市场实际价格波动越大，则中国水泥市场营收总规模的实际值越低。

水泥市场的竞争状况主要受水泥市场供给端和需求端两方面因素影响。其中，水泥市场供给端的变化虽然表面上看是由水泥企业经营战略和政府相关政策决定的，但是长期来看两者都建立在水泥市场需求的长期趋势预期基础上。因此，水泥市场需求端的变化趋势才是决定水泥市场未来的主导要素。

举例说明，2022年官方统计数据显示中国水泥市场需求下降了10%左右，而大多数水泥企业的盈利水平下降超过50%以上。分析认为水泥市场需求量下降同时引发了水泥市场竞争加剧和水泥价格大幅下滑，而水泥企业盈利水平大幅下降是水泥市场需求量下降和水泥价格大幅下滑的叠加结果。

在水泥企业实际运营过程中，准确地预判区域水泥市场需求量的短期趋势，能够指导水泥企业合理设定整体运营策略和营销策略，更好地实现业绩目标。2016—2020年，某水泥企业在湖南不但实现连续5年水泥业绩同比大幅增长，且连续5年年度业绩目标完成率控制在110%左右，既没有出现大幅度低于预期的情况，也没有出现大幅度超出预期的情况。分析其成功的原因：一方面，对水泥市场需求量的短期预判决定了其事业部运营的整体思路和动态调整策略，即便是面对煤炭大幅涨价、地方政府突然限制工业用电、水泥竞品突然发起价格战等不利因素也能够从容应对；另一方面，对水泥市场需求量的动态预判还能帮助企业预判竞争对手的运营策略以及竞争对手应对竞争的反应策略，使水泥企业间的竞合博弈总能向本企业预期的方向发展，因此其事业部年度业绩目标总能够保持在可控范围之内。

二、中国水泥行业的拐点本质上是水泥市场需求的拐点

从宏观趋势来看，中国水泥市场总需求量从 2000 年到 2015 年经历了一个较长时间的快速增长期。中国水泥市场总需求量达到了惊人的 24 亿～25 亿吨/年，人均水泥需求量指标接近 2 吨。此后中国水泥市场总需求量从快速增长转向高位震荡并持续了 5 年左右的时间，在 2019—2020 年开始整体步入下降通道（图 1-1）。在此之后，中国水泥市场总需求量的下降趋势是长期和不可逆的。2022 年新冠疫情造成的中国水泥市场总需求量大幅下滑，只是这一趋势的一个开端，或者说是"入冬后的第一场雪"。

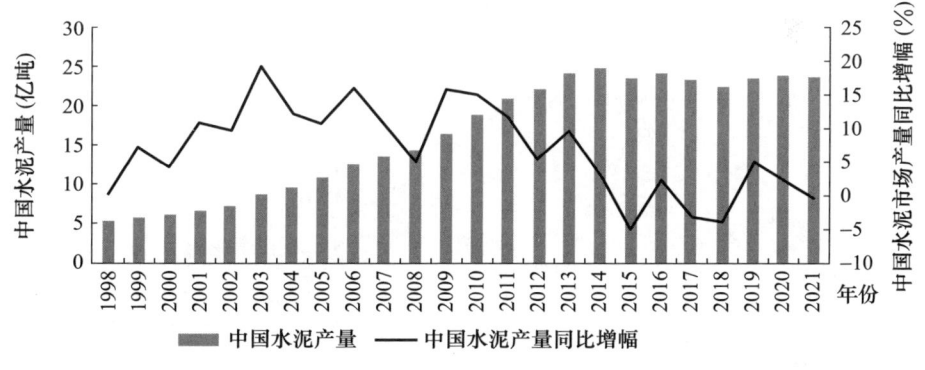

图 1-1　1998—2021 年中国水泥产量及增长情况

（资料来源：国家统计局）

中国水泥市场总需求量的拐点是中国水泥市场从 2000 年以前到未来几十年行业大周期下的最重要事件。它不是一个具体的时间点，而是一个过程，不同省（自治区、直辖市）水泥市场出现拐点的时间区间不同。在中国水泥市场总需求量拐头向下之后，中国水泥市场的基本趋势、运行规律、市场格局，水泥企业的成功要素、发展方向、管理模式发生了一系列相关联的深刻变化。了解这些变化对于所有水泥企业来说都非常重要。

本书参考全球其他国家水泥市场发展演变的一般性规律，结合中国水泥行业的实际情况进行逻辑推演和分析，并分享一些国际著名水泥企业和咨询公司较成熟的方法论和工具，最后提出一些经过初步实践验证的具体建议，希望起到抛砖引玉的作用，供大家参考。

三、世界水泥市场需求演变的普遍规律

水泥行业是一个成熟的百年行业,从全球的视角来看,水泥市场的发展趋势有规律可循。参考全球主要国家水泥市场需求的演变规律,我们发现一个国家水泥市场需求的变化和它的经济增长状况、相关产业政策有强关联性。

图 1-2 的数据来源大部分是 Cement Manufacture Association,一家印度水泥信息协会的统计数据。虽然是 2009 年的数据,但其中反映的趋势关系和内在逻辑,对于预测中国水泥市场需求变化的趋势有很高的参考价值。

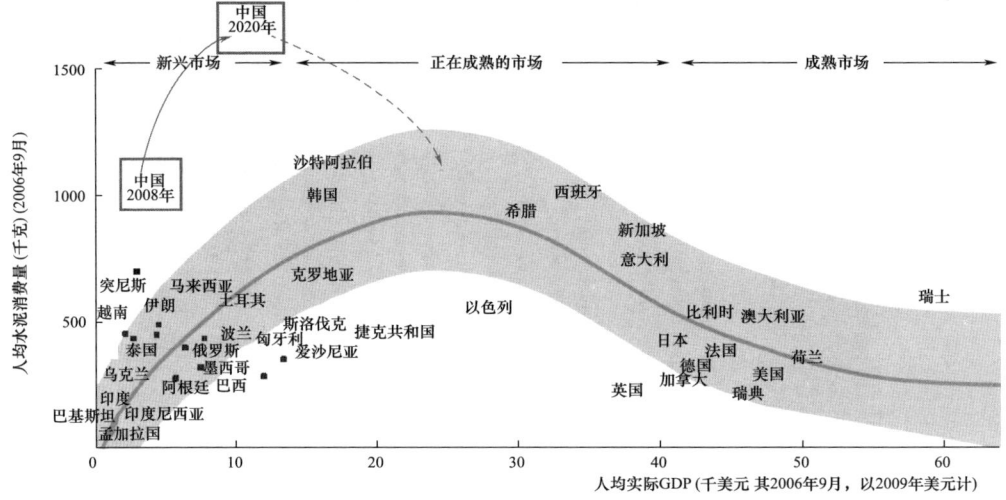

图 1-2　全球水泥市场人均水泥消费量与人均实际 GDP 相关性分析

(资料来源:Cement Manufacture Association,2009;中国国家统计局)

图 1-2 展示了全球各个国家的水泥人均消费量和人均实际国内生产总值(Gross Domestic Product,GDP)的相关性。每个国家都用点坐标表示,横轴是人均实际 GDP,越靠图右侧的国家人均实际 GDP 越高,经济越发达;纵轴是人均水泥消费量,越靠图上面的国家人均水泥消费量越多。

图 1-2 中右侧区域的发达国家,包括美国、法国、德国、日本、澳大利亚等,人均水泥消费量是 0.3~0.5 吨;图中左侧区域的不发达国家,包括巴基斯坦、印度尼西亚、孟加拉国等,人均水泥消费量也是 0.3~0.5 吨;图中中间上方区域的发展中国家,包括韩国、希腊、沙特阿拉伯、西班牙等,人均水泥消费量则比较高,为 1 吨;此外,金砖国家和其他发展中国家,包括巴西、俄罗斯、土耳其、马来西亚、泰国、以色列等,人均水泥消费量为

0.5~1吨；中国属于特例，在中间上方区域，人均水泥消费量从2008年的1吨左右，快速增加到2016—2020年的2吨左右。

把图1-2中全球大多数国家的点坐标连接在一起，可以形成一个拱形区间，它展示了国家经济发展水平与水泥消费水平的关联趋势。结果表明：在人均实际GDP低位区间，随着人均实际GDP的升高，各类水泥相关的建筑项目需求快速上升，人均水泥消费量和人均实际GDP呈现正相关关系，并且达到高点，即当人均实际GDP为2万美元时，人均水泥消费量为1吨左右；而在人均实际GDP高位区间，人均实际GDP的升高不能带动人均水泥消费量的增长，反而出现人均实际GDP越高、人均水泥消费量越低的情况，最终回归到0.5吨以下。

这个先从低到高而后从高到低的拱形曲线可以看作是一个国家水泥市场的完整发展周期，它包括三个阶段，即水泥市场需求扩张期、水泥市场需求高位震荡期、水泥市场需求萎缩期。水泥市场不同的发展阶段有不同的市场运行规律和特点。中国水泥市场需求已经处在高位震荡期末期和萎缩期开端。

四、中国水泥市场需求演变的特殊规律

虽然中国水泥市场遵从全球水泥市场发展的一般性规律，但是与全球其他国家水泥市场相比，中国水泥市场具有极大的特殊性。中国水泥市场的特殊性主要表现在中国人均水泥消费量从2008年1吨（2008年全国GDP为31.9万亿元，全国水泥消费约14亿吨），发展到2020年的接近2吨（2020年全国GDP为101万亿元，全国水泥消费约24亿吨），几乎超过了其他同等经济发展水平国家人均水泥消费量的2倍。

中国水泥市场为什么能够达到远高于全球其他国家的人均水泥消费水平？总结下来主要包括如下两个原因。

第一，中国政府利用国家资本大力发展基础设施建设。"要致富先修路。"基建项目的投资不仅来源于以追求投资回报为目标的市场驱动力量，更来源于追求整体社会效益的政府驱动力量，即考虑它对其他产业的长期溢出性收益和民生效应的总和。

第二，中国改革开放以后实施住房体制改革，造就了中国房地产行业的黄金发展期。从单位分配住房模式改革为个人购买住房模式，极大地刺激了个人住房的购买需求。长期火热的中国房地产市场，进一步带动了中国水泥

市场需求的快速增长。

但是经过了二三十年的建设，现在中国的基础设施建设水平已经在全球领先，局部区域甚至超过了发达国家当前的水平，超越了中国现有经济水平的需求。继续大幅增加基建投资，不但投资回报较低，而且其社会溢出效应也大幅缩小。现在各级政府的债务在不断增加、财政预算比较紧张。政府公共事业的投资重点已经转到"新基建"包括人工智能、新能源、5G等高科技领域，传统的市政工程类建设项目不再是投资重点。

另外，我国城镇居民人均住房面积已经达到较高水平，政府通过"房住不炒"政策定位来抑制房地产泡沫，因此房改红利逐渐消失，房地产市场整体走弱，对水泥的需求大幅减少。

综上所述，虽然现在中国人均水泥消费水平依然远高于世界其他同GDP国家的水平，但是中国水泥市场超高需求的两大支撑因素在逐渐消失。如果中国水泥市场需求量未来回归到2008年以前的水平，或者说与其他同GDP国家类似的常规状态，那么中国人均水泥消费水平必然逐步接近1吨，甚至最终低于1吨。中国水泥市场需求量未来有可能在2018—2020年水泥市场需求量的基础上下降50%，但是中国水泥市场人均需求从2吨到1吨，需要经历的时间具有不确定性，无法判断这一过程需要5年、10年、15年还是20年。

五、中国水泥市场需求的区域性演变规律

中国水泥市场需求萎缩是未来的主导趋势，但是此趋势在区域上并不是均匀分布的，会存在较大的区域性差异和区域不平衡。中国水泥市场需求萎缩期的区域不平衡与水泥市场需求上升期的区域不平衡有很大不同。在中国水泥市场需求上升期，中国水泥市场需求由双要素驱动，即由以投资回报为基础的市场要素、以政府基础设施建设和民生工程为基础的政府要素驱动。水泥市场需求的快速增长先从东部经济发达地区开始，然后逐渐向中西部经济不发达地区延伸。在水泥市场需求上升期的末端，经济发达地区的水泥市场需求出现饱和，而经济不发达地区因高铁和高速公路项目较多，水泥市场需求依然保持一定增长。

在拐点之后中国水泥市场需求萎缩期，中国水泥市场需求将主要由市场要素驱动，即逐渐回到以投资回报为基础，而政府投资拉动的基建项目快速萎缩。因此经济发达的人口净流入地区，比如东部沿海地区、省会城市周边

区域，由于房地产市场较稳定，其水泥市场需求下降速度相对较慢；而经济相对较不发达的三、四线城市和广大农村，由于城市房地产项目和农村工程项目的快速萎缩，水泥市场需求下降速度相对更快；受益于政府的公益性基建项目在国内的特殊区域仍然会有短期机会，比如一些边境省份、新农村建设和高铁建设未完成的地区等，水泥市场需求能够保持短期平稳。

因此在一线城市周边、沿海经济发达地区周边、省会和重要城市周边的水泥企业具有较明显的区位优势，而位于三、四线城市和农村地区的水泥企业所面临的生存压力相对较大。东北、西北等经济不发达地区的水泥企业所面临的巨大业绩压力就不难理解了。这些区域的水泥企业为了生存，只能降价销售水泥到周边地区水泥市场。比如，部分贵州水泥企业通过"铁路＋船运"的方式把水泥销往上海等长江中下游市场。

六、中国水泥不同细分市场的演变规律

研究水泥市场需求的短期和微观发展趋势，需要从细分市场的维度进行分析。分析区域水泥市场短期和微观趋势的主要目的是帮助水泥企业实现更好的短期业绩，优化水泥营销策略。下面分享某水泥企业业绩提升咨询项目经典案例中的部分内容，包括一些常用的方法论和分析工具，供从业者参考。

水泥市场细分方法有很多，从产品维度可以分为袋装水泥市场和散装水泥市场，从终端客户维度可以分为商品混凝土（以下简称商混）客户、一般工程客户、重点工程客户和民用袋装客户等。水泥市场细分后还可以进行二次市场细分，比如重点工程市场还可以二次细分为公路重点工程、铁路重点工程和水利重点工程等。

企业在进行市场细分时需要遵循三条基本原则：原则一，细分市场之间不能有重叠的部分；原则二，细分市场必须能覆盖全部的市场范围而不能有遗漏；原则三，细分市场划分后有利于营销管理的实际操作。

通过细分市场可以化整为零，更加全面和深入地了解市场内部结构并找到营销问题和机会。

图1-3所示是某省会城市周边区域水泥细分市场案例。通过对不同水泥细分市场的需求量、增长潜力、市场份额、盈利情况等进行分析，诊断水泥企业在不同细分市场布局的合理性，明确业绩优化方式和增长点，进而实现更加有利于水泥企业自身的水泥市场布局。

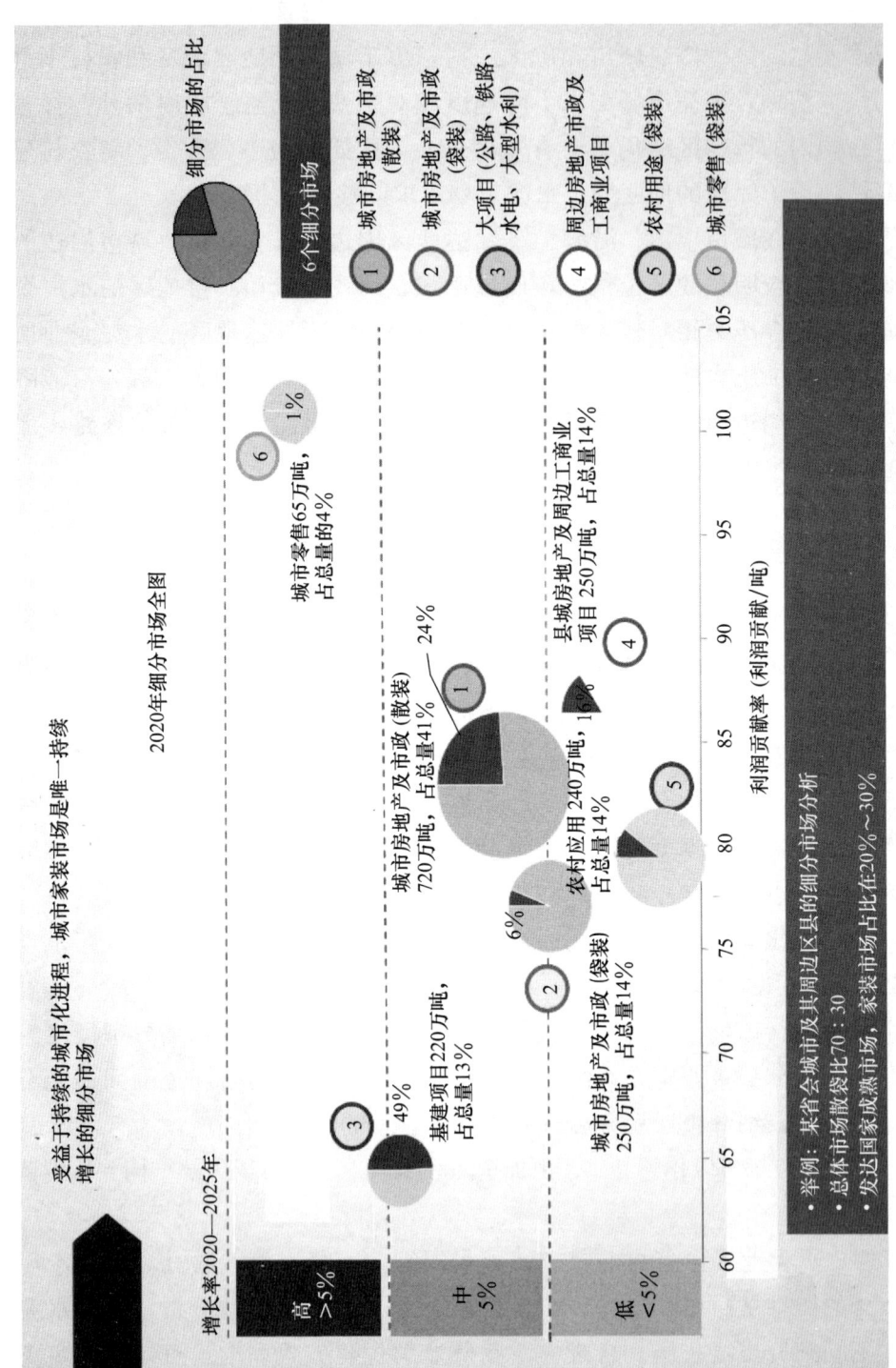

图 1-3 某省会城市周边区域水泥细分市场案例

图1-3中，横坐标即利润贡献率，纵坐标是市场增长率，而每一个圆形的面积代表着该细分市场需求量的大小，圆形内的比例是水泥企业在此细分市场的份额占比。把某区域水泥市场中的所有细分市场放到横坐标和纵坐标中，可以非常清晰地展现水泥销售的基本现状和改进方向。

要点一，了解年度水泥销量在不同细分市场中的份额占比，即水泥卖到哪里去了。

要点二，不同细分市场之间作比较，判断哪些细分市场增长率更高，哪些细分市场利润率更高，哪些细分市场体量更大。

要点三，优化水泥企业在细分市场的销售策略，判断是否应该向增长率更高、利润更高、体量更大的细分市场做份额转移。

要点四，分析在已经占据优势的细分市场应该如何维护自身的优势市场份额。

这种分析方法是细分市场分析中比较经典和基础的通用方法，可以应用于不同区域的水泥细分市场。经过培训的水泥营销经理在熟练运用此方法后往往能够提前布局一些有潜力的水泥细分市场，从而在与同业竞品进行市场博弈的时候处于优势地位。有一个明显的现象，未经过细分市场分析培训的水泥营销经理经常忙于处理各类短期问题，而熟练应用水泥细分策略的水泥营销经理能够更加轻松实现较好的业绩目标。

附加内容：如何相对准确地预估水泥市场的需求数据

首先介绍三个关于市场数据采集的基础观点：

其一，在没有相对准确和有价值的数据作为支撑时，任何战略和营销策略的实施效果都会打折扣，甚至起到反作用；

其二，市场上没有绝对准确的数据，只有相对准确的数据；

其三，数据的准确性与投入的资源成正比，需要的数据越精准，需要花费的时间和精力越多。

很多水泥企业在市场数据采集方面比较粗放，通常是查网上的官方数据，或者简单地用人口乘以一定系数，最多会参考该地区的GDP数据。这种方法采集的数据往往只能起到参考作用，不能成为关键的决策依据。

这里介绍一下国际知名咨询公司获取市场数据的常规方法，熟练应用这种方法可以大大提高市场数据采集的准确性。但是这些方法有些复杂，水泥企业学习其原理并对其进行简化运用即可，不必照搬。

首先利用原有的数据采集方法得到一个数据参考值，然后进行市场数据验证。市场数据验证主要有两种方法：一是权威综合分析法，二是分解加总验证法。

权威综合分析法，顾名思义就是找到最了解这个行业的权威人士，如占有最大市场份额的水泥企业高管、行业最大的代理商以及职能、管理部门人士等。分别请不同的权威人士对市场进行预估，更重要的是追问他们预估市场数据的背后逻辑。这个背后逻辑往往比结论本身更加重要，我们需要通过不同角度的背后逻辑来综合判断数据的偏离程度，当然这也需要一定的经验和技巧。最后将这些权威人士预估的数据进行对比和加权平均，如果预估数据一致，那么数据准确率将大大提高，即市场趋势是公认的，比较可靠；如果预估数据不同，说明市场认知存在分歧，需要更加深入的研究才能找到真相。权威分析法的另一种模式是产业链上下游互相验证。其中的逻辑是产业链上下游具有传导性，市场数据具有关联性。如果产业链上下游公司反映出同样的市场趋势，说明这一市场趋势已经形成，并且会持续一定的时间。如果产业链上下游公司反映出的市场趋势不同步，那么需要进一步探究其背后逻辑，其中也许隐藏着某些市场机遇和市场风险。

分解加总验证法，具体说就是对于一个大市场的数据，分别通过不同的维度来分解和采集，比如首先需要同时采集不同区域市场的数据，采集不同细分市场的数据，采集不同水泥企业的数据，最后将所有的数据进行互相匹配和相互关联，看能否相互验证和协调一致。这时往往会出现一些相互矛盾的数据，这些矛盾的数据是关键，意味着不同维度下对市场的看法存在偏差，需要进一步调整和修正，最终获取一个"和谐版"数据，这一版本的数据不需要100%相互匹配，但是可以保障较高的准确率且数据匹配率不会低于80%。理论上，分解验证可以不断向下延伸的，数据分解得越细，验证后得到的汇总结果越准确。同时，需要了解这些分散数据的产生逻辑，了解分解数据背后的小逻辑，将这些小的背后逻辑汇集来解释大的背后逻辑。这是一个费力、耗时但非常有价值的学习过程，更加精确的数据需要更加细致的工作。前期需要对数据准确性的要求作评估，在准确度和工作量上选择一个平衡点。

例如，要了解重庆地区水泥市场的总需求以及未来的增长趋势，首先需要了解官方数据。然后从人口数量、地区 GDP、固定资产投资等数据中找到相关性，并和其他类似城市如成都的相关数据作比较。同时对一些主要厂家的销售总监、水泥行业协会会长，以及房地产行业领军企业的管理人员进行采访，以得出一个综合结论。

思考题

（1）如何预判你所在区域水泥市场短期和长期的需求趋势？这对你所在水泥企业的短期和长期业绩有何影响？

（2）你所在区域水泥市场如何进行市场细分？你所在水泥企业在这些水泥细分市场中的占比是多少，能否对有潜力的细分市场进行提前布局和市场份额优化？

参考文献

[1] 观研天下. 我国水泥行业供需现状及趋势分析 成本压力增大驱动水泥价格上抬 [EB/OL]. (2022-05-30) [2023-01-20]. https：//www.chinabaogao.com/free/202205/598377.html.

[2] 观研天下. 我国水泥行业发展环境、现状、竞争格局及发展趋势分析 市场将全方位转型升级 [EB/OL]. (2021-10-22) [2023-01-22]. https：//free.chinabaogao.com/jiancai/202110/102255 F542021.html.

[3] 前瞻产业研究院. 预见 2023：一文深度了解 2023 年中国水泥制造行业市场现状、竞争格局及发展趋势 [EB/OL]. (2022-12-13) [2023-01-22]. https：//bg.qianzhan.com/trends/detail/506/221213-0240d81d.html.

[4] 杭州中建科技水泥分享. 底部来临，负重前行！2022 年水泥市场运行分析及 2023 年展望 [EB/OL]. (2022-12-23) [2023-01-22]. https：//baijiahao.baidu.com/s?id=1752987808104149433&wfr=spider&for=pc.

[5] 王密. 中国水泥行业发展趋势回顾分析及 2019 年下半年水泥行业发展前景分析 [EB/OL]. 智研咨询（2019-09-03）[2023-01-22]. https：//www.chyxx.com/industry/201909/778689.html.

第二节　解决中国水泥产能过剩需政府主导综合谋划

讨论中国水泥市场未来发展趋势，水泥市场的产能供给是一个核心影响要素。如果把中国水泥行业比作一家巨型水泥工厂，那么中国水泥市场的产能供给就是这家巨型水泥工厂的总产能，中国水泥市场总需求量就是这家巨型水泥工厂的市场规模，总供给产能与总需求量的比值就是这家巨型水泥工厂的平均运转率。

中国水泥行业的平均运转率是中国水泥行业盈利能力的主要影响因素之一。中国水泥市场的总需求量是分子，中国水泥市场总需求量乘以中国水泥市场平均价格就等于中国水泥市场营收总规模，它决定了市场蛋糕的大小；中国水泥市场总产能供给是分母，它决定了市场蛋糕的分配情况。如果分母中国水泥总产能不变，分子中国水泥市场总需求量变大，相应的中国水泥市场价格得到提升，中国水泥市场营收总规模就变大，单位水泥产能分得的市场蛋糕越大，中国水泥企业盈利能力就越强；另外一种情况分子中国水泥市场总需求量不变，中国水泥市场营收总规模保持不变，分母中国水泥总产能供给变大，那么单位水泥产能供给分得的市场蛋糕越小，中国水泥企业盈利就越弱。进一步推演，在中国水泥市场蛋糕的分配过程中存在市场竞争，各水泥企业会相互抢夺对方的市场份额，造成中国水泥市场平均价格大幅下跌，中国水泥营收总规模大幅下降，水泥市场蛋糕遭到巨大破坏。

中国水泥市场的发展演变分为三个阶段：水泥市场需求扩张期、水泥市场需求高位震荡期、水泥市场需求萎缩期。在这三个阶段，中国水泥产能供给作为一个核心影响要素，其演变和发展规律具有中国水泥市场自身特色。这种特色具体表现为在中国水泥市场需求扩张期，中国水泥产能飞速发展；在中国水泥市场需求高位震荡期，中国水泥产能错峰生产；未来在中国水泥市场需求萎缩期，中国水泥市场艰难地去产能。

第一章 拐点后中国水泥市场的发展趋势

一、中国水泥市场需求扩张期，中国水泥产能飞速增长，产能增速远超过需求增速

根据国家统计局的数据，2000年中国水泥总产量不足6亿吨，伴随着经济腾飞，到2014—2015年中国水泥总产量达到24亿吨的峰值，较2000年的6亿吨增长了3倍。中国水泥产能规模扩张速度远超水泥市场需求增速。新型干法熟料产能由2000年的不足1亿吨增长至2006年的10.38亿吨（图1-4），6年之内增长超过9倍，在2014年以后达到了18亿吨左右的水平（平均1吨熟料生产1.4吨水泥）。

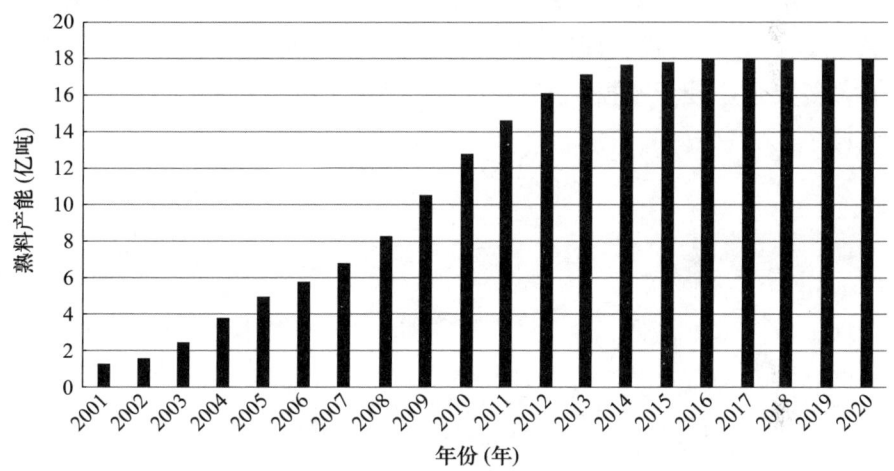

图1-4　2001—2020年中国新型干法熟料产能发展趋势图
（数据来源：水泥网）

（一）为什么中国熟料产能能够在短期内飞速增长？因为具备了以下几个条件

其一，技术条件。2002年中国第一条5000吨/天熟料国产化示范线在铜陵海螺建成投产。2004年，中国第一条日产万吨熟料的生产线在铜陵海螺建成投产，这是中国水泥生产技术发展的里程碑，随后5000吨/天熟料窑逐渐成为各大水泥企业新建产能的主流配置。

其二，宽松的水泥产能准入政策。虽然国家在中国水泥市场需求增长期的末段出台了严控新增熟料产能的相关政策，但是由于各个省（自治区、直

辖市）的实际情况不同，对政策的落实力度存在一些差异。尤其在很多贫困县，由于新建水泥厂对本县经济的拉动作用很大，导致地方政府出现为盲目投资、重复建设大开绿灯的情况。

其三，资本的助力。各中国水泥上市企业在资本的助力下快速扩张产能，海螺水泥于1997年在香港上市时熟料产能不足400万吨，到2015年熟料产能就超过2亿吨，且大多数是新建窑线，约占中国熟料产能的11%。

伴随着中国水泥产能的快速扩张，中国水泥行业产销矛盾日益加剧，再加上中国水泥市场需求扩张期中国水泥企业普遍采用激进的"量本利"营销模式，导致2012—2015年中国水泥市场价格一路走低（图1-5）。一年中大部分时间中国水泥价格均处在下跌过程中，只有秋冬需求旺季有20元/吨左右的小幅上涨。2014—2015年中国水泥价格更是达到历史低点，以致中国水泥行业的大多数企业处于亏损状态。

图1-5　2009—2020年P·O42.5散装水泥价格趋势图
（数据来源：数字水泥网）

（二）中国水泥市场需求高位震荡期，2016年开始的供给侧结构性改革缓解了产销矛盾，为中国水泥行业带来了新生

供给侧结构性改革是中国特有的市场现象，其初衷是以政府力量推动中国水泥行业错峰生产停窑，减少废气排放、缓解大气污染等民生问题。在错

峰生产政策下，中国水泥行业内所有熟料窑线必须依据政策要求，停窑停产达到一定的天数，以保障空气质量。其效果是全国水泥市场中的熟料产量大幅减少了，中国水泥市场平均运转率公式中的分母部分减少了，中国水泥行业供需矛盾的发展进程缓解和延后了。更重要的是，越来越多的水泥企业从"量本利"营销模式转型为"价本利"营销模式。中国水泥企业主动维护水泥价格不但有利于自身盈利，而且可以实现全行业的共同盈利。因此，水泥市场均价从200元/吨左右一路涨到400元/吨左右，水泥企业的利润翻了十几倍，水泥股票的市值也翻了几倍。

（三）错峰生产政策给中国水泥行业带来了5年的欣欣向荣景象，但同时也存在负面效果

一路高涨的水泥价格使很多原本快要停产或者已经停产一段时间的水泥"僵尸"企业重新活了过来。

大量水泥企业为了追求短期效益，一边错峰停窑一边通过技术改造提产，造成了原有存量熟料产能的增加。

少数企业钻国家水泥产能减量置换政策的空子，以产能置换为手段扩张了很多大型的先进熟料产能，取代了很多落后产能和"僵尸"产能（图1-6）。

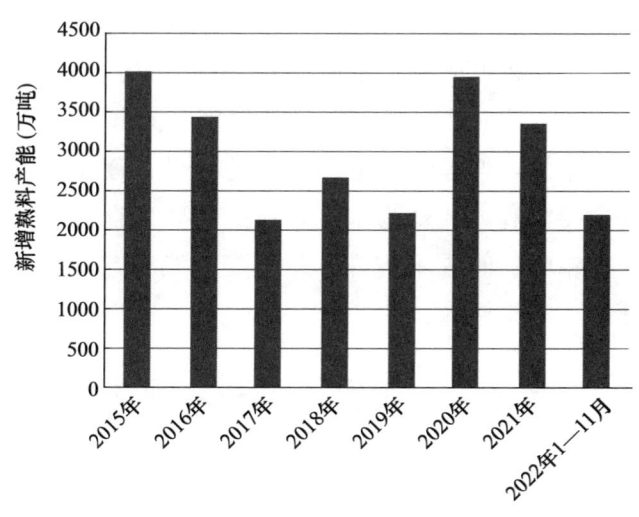

图1-6　2015—2022年熟料新建投放产能

因此，虽然错峰生产缓解了供需矛盾，但是减少的不是中国水泥行业的真实熟料产能，而是短期熟料产量。

参考水泥大数据中的数据，中国水泥行业错峰生产政策实施后2016年到2022年的7年，新建熟料产能约2亿吨，占全国熟料产能的10%～11%，且大部分是5000吨/天以上的大型熟料产能。这个数据说明，虽然中国水泥行业产能没有大幅增加，但是产能结构发生了巨大的变化，大量落后产能和濒临淘汰的"僵尸"产能被新型产能取代。另外，原熟料产能提产技改，也是熟料产能增加的重要因素。5000吨/天产能的标准熟料窑线提产到5700吨/天并非难事，甚至有大量产能2500吨/天的窑线被提产至3400吨/天。据此保守估算，全水泥行业平均提产率至少达到15%以上。

因此，在中国水泥市场需求震荡期的错峰生产政策下，虽然明面上中国熟料整体产能增加不多，但是产能的结构发生了巨大的变化，市场上实际的熟料产能增加很多。

按照中国国家统计局数据计算，中国水泥总供给与总需求比值＝（18亿吨熟料产能×1.4熟料转化水泥系数×115%窑线平均提产率）/24亿吨＝120%，即不考虑这些年的水泥市场需求的下降，中国水泥总体产能过剩率已经达到20%，如果再考虑中国水泥市场需求的下降，中国水泥市场总产能过剩率已经超过30%，局部区域甚至超过50%。

中国水泥总产能已经严重过剩，这一事实还可以从水泥行业每年错峰生产的停窑数字中得到证明。2017年全国大部分地区水泥行业的错峰停窑时间只有40～60天，到2022年全国大部分地区全年错峰停窑时间已经达到了150～180天。因此，水泥行业对错峰生产的依赖度越来越高，全国各地的错峰停窑天数逐年快速增加，但是错峰生产起到的效果在逐年减弱。错峰生产已经从水泥企业的主要盈利方式变为水泥企业的主要生存方式。错峰停窑的具体形式从最初淡季错峰、旺季不错峰，逐步变为淡季错峰、旺季也错峰，最后将形成淡季停产、旺季错峰。

二、世界水泥市场产能利用率与盈利之间的相互关系

水泥企业的固定成本分摊较大，如果水泥产能利用率、水泥销量和销售收入大幅下降，同时其综合成本下降并不多，就造成水泥企业利润大幅下降。

有人认为，水泥企业产能利用率下降，可以通过提高水泥价格的营销策略来稳定水泥企业利润。但是水泥价格的提升是有上限的，预估较稳定的水泥价格区间在350～450元/吨。如果局部区域水泥价格过高，会导致外来水

泥的市场入侵。因此过高的水泥价格很难长期维持，努力提高水泥价格的做法就像不断往沙堆上添沙子，达到一定高度之后，做再多努力也是徒劳的。

依据全球多个国家大量水泥企业的样本统计数据可以发现，水泥窑线平均产能利用率和平均利润的关系如图 1-7 所示。由图可知，产能利用率 50% 左右是水泥企业获利的临界区域，也就是说如果中国水泥全行业平均产能利用率低于 50%，那么中国水泥全行业都将很难获利。

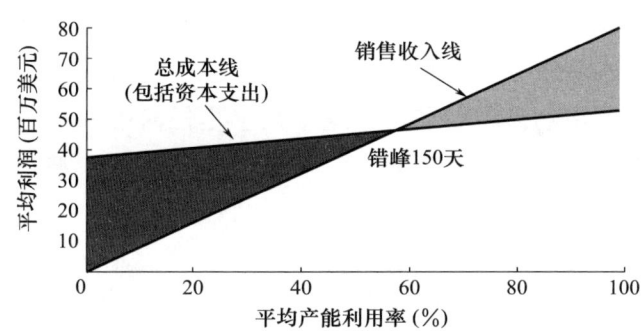

图 1-7　水泥窑线平均产能利用率与平均利润关系

例如，一家产能 5000 吨/天的熟料窑线，以前水泥市场较好时期，每年总计能够完成 200～240 万吨水泥销量，价格能够达到 350 元/吨以上，销售收入超过 7 亿元。但如果水泥市场需求大幅下降，下降幅度达到 20%，为了抢占水泥市场份额，竞争对手必然采取同样的策略并引发价格战，最终导致在水泥销量大幅下滑的同时水泥价格大幅下降，全年水泥均价只能达到 250 元/吨左右，全年水泥销量 160 万～180 万吨，全年水泥销售收入只有约 4 亿元，仅能达到前期的 60%。因此水泥市场需求萎缩对水泥市场竞争造成的影响，是水泥市场需求萎缩 20%，造成水泥市场竞争压力连锁式的翻倍增长。

三、中国水泥市场需求萎缩期，去产能非常困难

在中国水泥市场需求萎缩期，中国水泥行业去产能成为行业转型发展的必由之路，但是去产能的过程异常艰难，主要原因是中国水泥市场产能体量太大，而且中国水泥市场各区域情况不同，中国水泥企业既有国企又有民企，非常复杂。

水泥行业去产能一般有两种方式：一是依靠市场的力量去产能，二是依靠政府的力量去产能。

拐点后中国水泥变革之路
——论水泥战略、营销、管理的基本原理

在中国完全依靠市场力量去熟料产能代价极大,而且几乎不可能。通过水泥市场竞争和压低水泥价格,最多只能使水泥企业停产,但是水泥价格不可能长期处于低点,当市场价格恢复之后,濒死的熟料产能又会恢复。

以提高中国水泥市场集中度来去产能,需要由国家力量来推动,如果仅通过资本市场化的收购过剩产能将非常困难,因为中国水泥产能体量太大。中国熟料产能18亿吨左右,市场集中度排前10名的水泥企业的市场份额在60%左右,即便是按照较低的水泥产能价格100美元/吨(700元/吨)来计算,要整合中国水泥市场10%的产能(约2.6亿吨)也需要2000亿元的巨量资金。在中国水泥市场需求萎缩期,这个数字是任何中国水泥企业都很难承受的,虽然现在少数中国水泥企业在零星收购一些民营水泥产能,但对中国水泥市场全局影响不大。未来推进中国水泥行业第二次全局性大整合,比之前中国建材集团整合中小民营窑线规模更加宏大,行业意义也更加宏伟,只有动用国家力量来推动和银行资本来支持才能够办到。好在中国水泥行业的头部企业大多数是国企,如果中国大多数省份水泥行业前3强企业都能够占本省水泥市场份额的80%,中国水泥行业前10强企业占中国水泥市场总份额的80%,那么中国水泥市场的第二次大整合就基本上完成,同时会进一步强化现有水泥行业的"巨无霸"企业。

借助中国国家"双碳"政策的趋势力量,是推进中国水泥行业淘汰落后产能的绝佳实现路径。生态环境部在2020年12月发布了《碳排放和交易管理办法(试行)》,为中国水泥行业淘汰落后产能带来了春风。中国水泥行业作为高能耗行业是受此政策影响最大的行业之一。相关统计表明平均生产1吨熟料要排放1吨左右二氧化碳,生产水泥的二氧化碳排放量占全国二氧化碳总排放量的20%左右。因此,中国水泥行业削减产能和淘汰落后产能既是落实国家"双碳"政策的需要也是中国水泥行业去落后产能的需要。如果按照《冶金、建材重点行业严格能效约束推动节能降碳行动方案(2021—2025年)》落实,到2025年,熟料单位产品综合能耗基准水平为117千克标准煤/吨,标杆水平为100千克标准煤/吨。中国水泥行业中的2500吨/天及以下的高能耗产能还占很大比例,预估占中国水泥市场总产能的20%,相关熟料产能约3亿吨。如果能够大幅度减少这部分产能,不但能降低碳排放量,也会很大程度上帮助水泥行业真正实现去产能。

最后未来中国水泥企业间的产能置换,将成为其提升运营业绩的重要手

段，通过产能置换打造水泥核心市场利润区，形成更加稳定的市场格局。例如，许多国际知名水泥企业集团总部的重要工作之一，就是与其他竞争对手进行产能置换。

通过以上分析论述，中国水泥去产能方案可以总结为：行业大整合，淘汰落后，置换个别。

四、中国水泥市场需求萎缩期，提升现有产能的盈利能力

在中国水泥市场萎缩期，首先要解决水泥企业的生存问题。因此，提升现有水泥产能的盈利能力，成为水泥企业运营的重中之重。不同区域水泥市场会发生巨大分化，经济不发达地区，三、四线城市和广大农村的水泥市场萎缩较快，水泥企业生存会更加艰难。建议偏远地区的少数新增产能项目尽快停下来，这些项目也许已经产生了一些前期投入，但是任何时候在错误的方向上止步都是正确的，这些项目的投资回报率很低，甚至无法盈利。

在中国水泥市场扩张期形成的以水泥产能发挥为主，水泥营销为辅的观念已经不符合市场实际。需要真正以客户需求为中心的经营理念，稳定现有客户，尽可能做好客户服务。另外，在有机会的细分市场要勇于创新，改进现有产品的品质，开发新的水泥高利润产品和水泥制品，创造新的盈利模式，赚一切可以赚到的钱。中国水泥行业大开大合赚大钱、粗放发展的时代已经过去。

附加内容：日本水泥行业的整合

从水泥市场需求扩张期到水泥市场需求高位震荡期再到水泥市场需求萎缩期，日本水泥市场也曾经历过同样的发展历程。另外，日本水泥企业间的竞争博弈是全国性的，没有区域性竞争一说。因为日本属于岛国，低廉的海运成本，几乎使岛内任何一家水泥工厂的销售半径都可以覆盖日本全国。因此日本水泥市场的演变过程值得中国水泥行业进行认真研究和经验借鉴。

在 20 世纪 60 年代，日本水泥市场年需求量大约为 3000 万吨/年。随着日本经济的快速启动和发展，日本水泥市场的需求快速增加。到 20 世纪八九十年代，日本水泥市场需求达到高点，约 8000 万吨/年，增长了近两倍。到 20 世纪 90 年代后，随着经济泡沫破裂，水泥市场需求快速下跌，到 2010 年水泥市场需求只有约 4000 万吨/年，是高峰期的 50%。

日本水泥行业产能在 1992—1994 年也达到了高峰值，水泥产能大约有 1

亿吨/年。此后在1993—1998年，日本水泥行业发起了一波并购潮，并诞生了3家拥有6家工厂以上的大公司，3家企业在日本熟料产能占比达到80%。与此同时，在保持水泥市场份额总体稳定的基础上，日本水泥行业开始有序降低产能。日本水泥工厂从1990年的41家减少到2010年的32家，大约减少20%；熟料窑线从1990年的81条减少到2010年的56条，大约减少了30%；水泥产能从1亿吨/年降低到6000万吨/年。

如今日本水泥的价格长期稳定在高位，在15000日元/吨以上，约合人民币700～800元/吨。

思考题

（1）你所在的水泥区域市场产能如何进一步整合？依靠政府节能减排政策能够达成什么样的去产能结果？

（2）你现有的客户是否有开发水泥新产品或者水泥制品的机会？

参考文献

[1] 李坤明. 祁连山宁夏建材停牌，水泥板块整合进行时[EB/OL].（2022-04-27）[2023-02-03］. https：//www.51ore.com/rmxw/102511.html.

[2] 神光财经. 调研情报：华新水泥（600801）金九银十水泥季，涨价大潮你赶得上吗？[EB/OL].（2017-09-14）[2023-02-03］. http：//www.shenguang.com/info/832943.shtml.

[3] 新浪财经. 2020年新投产熟料产能创5年新高！21年会更多……[EB/OL].（2021-01-05）[2023-02-03］. https：//baijiahao.baidu.com/s？id=16880166210704062208&wfr=spider&for=pc.

[4] 水泥网. 新投产熟料产能2200万吨左右！2022年水泥行业这些关键数据公布[EB/OL].（2022-12-31）[2023-02-03］. http：//t.10jqka.com.cn/pid_262354491.shtml.

[5] 数字水泥网. 五部委发文：要求2025年30%以上水泥熟料产能综合能耗达到100标准煤[EB/OL].（2021-10-22）[2023-02-03］. https：//jg.dcement.com/article/202110/184818.html.

[6] 搜狐网. 日本水泥行业整合-被淘汰的行业，都是被选定的"垃圾"产业吗？[EB/OL].（2016-12-09）[2023-02-03］. https：//www.sohu.com/a/121065278_481534.

[7] 文秘帮. 日本水泥从产能过剩到环保新产业[EB/OL].（2022-08-04）[2023-02-03］. https：//www.wenmi.com/article/pvowzf02crh3.html.

[8] CNBM. 中国建材杂志连载：宋志平讲述：我的改革心路（五）[EB/OL].（2018-08-13）[2023-02-03］. https：//www.cnbm.com.cn/CNBM/0000000600080002/44520.html.

第三节 "量本利"和"价本利"营销战略之后是精细化和多元化营销战略

中国水泥供给侧结构性改革和错峰生产政策推行以后，中国水泥企业利润大幅提升，大家认识到水泥生产成本降低1元是一件非常困难的事情，而水泥销售价格提升1元相对要容易得多，水泥营销是当前影响水泥企业短期业绩的关键要素。但是中国水泥价格经常大起大落，成为中国水泥行业当前最头疼和难以根除的问题，其主要原因是不同中国水泥企业遵循不同营销战略，分别是"量本利"和"价本利"。"量本利"和"价本利"营销战略对相关中国水泥企业和整个中国水泥行业的未来发展，都有重要和长远的影响。

一、"量本利"和"价本利"水泥营销战略是中国水泥市场营销实践的精华

"量本利"和"价本利"水泥营销战略分别由中国水泥行业两位杰出领袖提出。"量本利"营销战略（丛林法则）强调水泥销量和市场份额优先。该理论鼓励水泥企业生产和销售更多水泥，追求更高窑线运转率，以实现水泥企业盈利目标。其优点是水泥销量和窑线运转率提高，不但能够提升销售收入而且能够降低水泥综合成本，水泥企业经营可以形成正向循环，从而赢得市场竞争的比较优势。其缺点是当市场逐渐萎缩时，快速增加水泥销量将演变成抢占竞争对手的存量老客户，必然导致主要水泥企业之间的矛盾升级和价格战发生。

"价本利"水泥营销战略（做大市场蛋糕）强调水泥价格和水泥市场蛋糕规模优先。该理论鼓励做大整体水泥市场利润，让区域内所有水泥企业都受益。其优点是提升水泥市场价格可以有效缓解水泥企业间的恶性竞争，稳定水泥市场格局，提升水泥市场价格，大幅提升区域内所有水泥企业的业绩。其缺点是水泥市场价格维护方往往会吃亏，要向水泥市场价格破坏方做出一定让步。当水泥供需矛盾尖锐时，水泥市场价格维护方退无可退，市场平衡会被打破，水泥价格战难以避免。

通常情况下，区域内水泥市场份额最大的水泥企业采用"价本利"水泥营销战略，追求做大水泥市场利润，而区域内市场份额较小且生产成本有较大竞争优势的水泥企业采取"量本利"水泥营销战略，追求更高的窑线运转率。

"量本利"和"价本利"水泥营销战略理论是 20 多年中国水泥市场营销实践的精华，是被实践检验过的水泥营销战略理论，两大理论都有很多支持企业和成功案例。但是在中国水泥市场出现拐点之后，中国水泥市场环境发生重大改变，需要深入分析两大营销战略理论的产生过程和应用前提，更好地吸收其中的精华，知其然更要知其所以然，不能机械地固守照搬，因势利导并顺势而为才能获取长期的成功。

二、"量本利"水泥营销战略在中国水泥市场需求扩张期的适用性

中国水泥市场需求扩张期，水泥新增产能同步增加（快速扩张策略）。随着中国经济从人均 GDP 低点起步，百废待兴，水泥市场需求被充分激活。首先从中国东部沿海水泥市场启动然后延伸到中国内陆水泥市场，从中国城市水泥市场启动然后延伸到中国农村水泥市场。中国水泥企业在发展机遇期的战略核心是快速做大企业规模并实现盈利，适合采用"量本利"营销战略（图 1-8）。

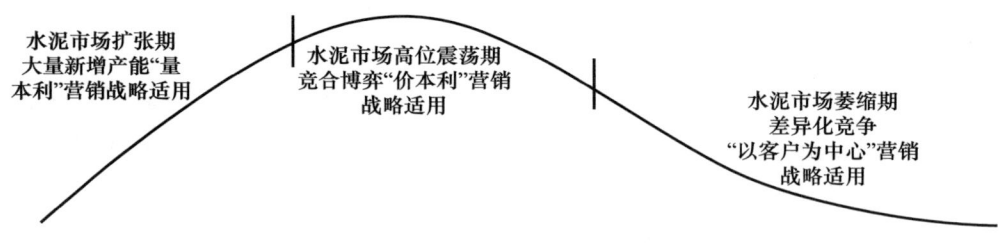

图 1-8　水泥市场不同发展时期适用的营销战略

（一）"量本利"水泥营销战略的具体表现

"量本利"水泥营销战略的具体表现形式是：依靠生产成本优势，直接通过低价抢夺客户提升水泥销量并回收现金流；水泥销量增加反过来提升窑线运转率，帮助水泥工厂降低生产成本形成正循环；客户份额的提升会逐渐形

成水泥产品的使用习惯，进而逐渐建立水泥品牌和口碑；水泥低价冲击市场造成的企业利润下滑是短期问题，随着需求的增加市场总能够把价格拉到可以获利的水平。

（二）"量本利"不仅是水泥营销战略，还体现在水泥产能布局等方面，是水泥企业的核心发展战略

完全遵循"量本利"水泥营销战略的两家中国水泥企业——安徽海螺股份有限公司（以下简称海螺水泥）和浙江红狮水泥股份有限公司（以下简称红狮水泥）都在中国水泥市场扩张期得到了快速的发展。海螺水泥是"量本利"水泥营销战略的提出者，其水泥产能布局的重要原则之一是靠近水泥市场，这样更加有利于产能释放。红狮水泥是"量本利"水泥营销战略的坚定执行者，其水泥产能布局的重要原则是散点式布局，目的是用更少的产能覆盖更大的市场范围，再配合先进的生产设备和工艺下的超低生产成本，取得水泥市场的有利竞争地位。现在中国国内大多数水泥企业在与红狮水泥竞争的过程中，均默认其可以达到更高的水泥销量和产能利用率。

（三）"量本利"不仅是水泥营销战略，还体现在水泥企业投资发展战略方面

遵循"量本利"水泥营销战略的水泥企业会不断新建技术更先进、生产成本更低的窑线，实现营销战略与产能快速扩张策略的匹配。海螺水泥在2000年熟料产能不足400万吨，到2015年熟料产能超过2亿吨，增长了49倍。在这15年中平均每年有约1300万吨新建熟料窑线投产，每年都需要新增和开辟相应1000万吨以上的水泥市场和新增水泥客户，并且需要每年增加至少20亿元的销售收入。如果没有"量本利"水泥营销战略作为后盾支撑，在连续大规模的资本投入下企业不但无法成功，还有可能被快速拖垮。只有坚定地推行"量本利"水泥营销策略，以最快速度提升水泥销量实现销售收入，才能最快地回收投资成本，并且再次滚动投入下一个新建产能项目。红狮水泥也有类似的快速对外扩张的发展历史。相关数据显示，2016年红狮水泥的销售收入是220亿元，到2020年销售收入是518亿元，是2016的235％，平均每年销售收入增长50亿元以上。

（四）"量本利"不仅是水泥营销战略，还体现在水泥企业极致的成本管控上

中国水泥行业的人都知道海螺水泥的设备选型是相同的，其生产成本在全行业是非常低的，另外在管理和销售成本方面，海螺水泥也远低于其他竞争对手。表1-1中管理和销售费率是指年报中显示的管理和销售成本在整个销售收入中的占比。表1-1中数据显示海螺水泥的管理和销售费率是最低的，竞争对手江西万年青水泥股份有限公司（以下简称万年青水泥）、华新水泥股份有限公司（以下简称华新水泥）、唐山冀东水泥股份有限公司（以下简称冀东水泥）的管理和销售费率远高于海螺水泥。因为红狮水泥不是上市公司，所以没有相关的数据，但是红狮水泥的相关成本也是非常有竞争力的。

表 1-1　主要上市水泥企业的管理和销售费率

上市水泥企业	管理和销售费率（%）				
	2017年	2018年	2019年	2020年	2021年
海螺水泥	9.3	5.8	5.8	4.7	5.1
万年青水泥	8.5	7.2	7.8	5.5	5.7
华新水泥	12.5	11.1	11.5	12.4	9.1
冀东水泥	16.2	15.0	12.0	14.7	12.6

"量本利"水泥营销战略下的中国水泥企业快速扩张，必然伴随着周边水泥工厂的市场份额损失。其新增的水泥销量和新增的水泥客户，大部分来源于周边水泥企业原有的水泥销量和水泥客户。

三、"价本利"营销战略在中国水泥市场需求高位震荡期的适用性

中国水泥市场需求高位震荡期，市场供求关系经常波动（竞合博弈策略）。随着中国经济发展到一定阶段，中国水泥市场需求呈现动态波动的特征，波动主要受季节性气候和市场需求区域性差异影响。

（一）中国水泥市场竞合博弈阶段，中国水泥企业战略重心的改变

中国水泥市场竞合博弈阶段初期，很多中国水泥企业依然沿用扩张期的

"量本利"营销战略，不断以低价提升水泥销量，造成水泥市场淡季水泥价格大幅度下滑，甚至跌破成本线，而水泥市场旺季受业绩压力影响，水泥价格又必须大幅度上升。最终为了减少淡季市场的损失，中国水泥企业更多地在旺季收割市场，中国水泥企业间的竞合博弈成为核心内容。

虽然中国水泥市场需求已经进入平台期，但是产能扩张依然惯性发展，产销矛盾和供求矛盾愈演愈烈，中国水泥错峰生产政策成为这一时期中国水泥企业保障业绩最重要的政策支撑。

中国水泥企业间的比较优势从比拼产能发展速度变为比拼产能布局，不同产能布局的中国水泥企业采取不同的营销策略。布局在中国中西部欠发达地区的产能和散点式布局的产能因为具有区位优势，营销依然采取以进攻为主的策略，布局中国发达地区的产能和区域集中布局的产能处于区位劣势，营销采取以防守为主的策略。

中国水泥市场竞合博弈阶段的中后期，中国水泥市场需求进一步减少，大部分中国水泥企业逐步放弃原有"量本利"营销战略，转而更加倾向于注重水泥市场价格的"价本利"营销战略。在几乎没有新增客户的情况下，中国水泥企业和客户的合作关系逐渐固化，区域水泥市场格局逐步形成，水泥市场价格波动幅度也会越来越小。

（二）在中国水泥市场需求高位震荡期，中国水泥企业的竞合博弈重点是中国水泥市场的最终格局

中国水泥市场需求有季节性波动，通常上半年雨季水泥市场需求较少，下半年旱季水泥市场需求较多，但是熟料窑线需要保障连续生产，因此往往在上半年水泥市场淡季争夺市场份额，导致水泥市场价格大幅下跌引发水泥价格战；而在下半年尤其是第四季度水泥市场需求恢复且水泥市场格局比较稳定，水泥企业需要实现全年业绩利润，导致水泥市场价格大幅提升。

对于水泥市场格局的形成有四个主要影响要素：

第一，水泥产能份额。产能份额大的水泥企业自然要求具有更大的市场份额；

第二，水泥生产成本。生产成本低的水泥企业市场竞争力强，也要求更大的市场份额；

第三，区域市场内水泥企业的数量。企业数量越多，市场集中度越低，

每家水泥企业分得的市场份额也就越少；

第四，外来水泥的市场入侵。如果区域市场有大量的外来水泥，就会打破原有市场格局的平衡，每家水泥企业的市场份额就会减少。

（三）"价本利"不仅是水泥营销战略，也是中国水泥企业的整体发展战略

提出和推动"价本利"水泥营销战略的中国建材集团有限公司（以下简称中国建材）水泥业务板块不但提升了企业自身的经营业绩，而且使整个中国水泥行业受益巨大，实现了其央企的社会责任，做到了名利双收，完成了几乎不可能完成的任务。中国建材水泥业务的发展模式主要依靠整合收购，采取先做大再做强的发展路径。这和采用"量本利"水泥营销战略的中国水泥企业依靠自身新建熟料产能的发展模式完全不同。

中国建材 2006 年在香港上市时熟料产能只有 1000 多万吨，2020 年有接近 4 亿吨的熟料产能；2007 年成立南方水泥有限公司（以下简称南方水泥）并且通过 3 年时间创造了一个奇迹，形成 1 亿吨以上的产能规模；2009 年成立北方水泥有限公司（以下简称北方水泥）；2011 年成立西南水泥有限公司（以下简称西南水泥）。中国建材在很短的时间内整合了上百家水泥工厂而且基本保留了原有的管理团队和职工，在不同的企业文化和管理制度下，十几万人需要吃饭，水泥生产成本和管理成本并不具有优势，还有大量负债和流动资金问题，每年承担巨额贷款利息，还要面对海螺水泥和红狮水泥等采用"量本利"水泥营销战略的中国水泥企业每年掠夺大量的水泥市场份额等问题。中国建材面临的处境非常艰难。

2016 年的中国水泥供给侧结构性改革和错峰生产政策对中国建材水泥业务板块来说非常好、非常及时。很难想象如果中国水泥供给侧结构性改革政策再晚 1~2 年，中国建材水泥业务板块会面临什么样的结果。中国水泥市场价格上涨，中国水泥市场份额最大的中国建材受益最大，全年 4 亿多吨的水泥销量意味着中国水泥市场价格每上涨 10 元就会增加 40 亿元的净利润。另外，正是中国建材整合了大量分散的水泥产能，大大提高了中国水泥市场集中度，使中国水泥市场价格上涨更加容易实现。2016 年中国水泥错峰生产政策颁布后，中国建材水泥板块每年增加 200 亿元左右的净利润。有了充足的资金和时间条件下，中国建材依照国家水泥产能置换的政策逐步完成落后产

能的升级替换，2020年以后大部分2500吨/天及以下的熟料产能逐步被低碳排放和低成本的新型熟料窑线所替换，实现了水泥市场竞争力的巨大提升。中国建材水泥业务板块快速发展，中国水泥行业整合成功，其中每一步都紧密结合中国水泥行业利益最大化和企业自身利益最大化，每一步都紧密跟随中国国家相关政策，其过程是无法复制的，由此中国建材完成了不可能完成的任务。

四、中国水泥市场需求萎缩期适用精细化管理和多元化发展

中国水泥市场需求萎缩期，市场供过于求（差异化竞争策略）。经济发展无法带动水泥市场需求增加，供需矛盾越来越严重，这一时期中国水泥行业会有更深刻、更复杂、更多元化的变化。

中国水泥市场需求大幅萎缩阶段，去产能成为最重要的任务。中国水泥行业需要依靠政策的力量去除部分落后的高能耗产能，大型中国水泥企业通过兼并重组提高市场集中度，小型中国水泥企业逐步退出市场。

中国水泥企业向上下游（骨料、商混）的延伸发展是必然的，不但能扩大水泥企业自身业务范围，而且能更好地保护现有产能消化渠道。

中国水泥市场格局基本稳定，影响产能布局优势的关键要素发生改变。布局在中国欠发达地区和散点式局部的水泥产能不再具有优势，因为这些区域水泥需求下滑更快；布局在中国发达地区和核心城市附近的水泥产能（尤其是实现上下游一体化的水泥产能）因为更加靠近水泥主要需求区域而具有更大优势。

中国水泥企业通过差异化营销在现有客户基础上获取更大利润的能力越来越重要。因为客户格局已经基本固化，只有更好的服务、更个性化的产品（如家装水泥）、更丰富的营销手段才能获得更高的客户满意度和品牌溢价。

水泥营销专业化要与时俱进，终端渠道，尤其是民用渠道会不断演变，从最开始比较简陋的建材门店逐步发展成为建材超市甚至是"一站式"网络平台。

附加内容：实现多个水泥细分市场匹配多家水泥工厂的水泥营销管理案例

以下介绍的水泥营销管理工具，能实现多个水泥细分市场与多家水泥工厂产能匹配，可以帮助有多家水泥工厂集中布局的水泥企业进一步增强水泥营销的竞争优势。运用此管理工具可以分为以下三个步骤。

第一步，制定某地区周边区域水泥细分市场需求矩阵（图1-9）。

拐点后中国水泥变革之路
——论水泥战略、营销、管理的基本原理

细分市场	质量工艺	长期销量稳定性	断供风险	地域邻近性需求	产品组合
房地产及市政（散装）	质量工艺要求高	市区内项目，稳定	风险高，但可以对供应比例进行调节	需要靠近相关市区	P·O42.5 散装
重点工程	质量工艺要求高	起伏大，不稳定	风险很高，有法律责任	由于大项目对价格敏感度愈增，有一定的地域限制	P·O42.5 散装 60% P·O52.5 散装 15% P·C32.5 袋装 25%
农村应用	质量工艺要求一般	零售和经销的组合，较稳定	风险很高，一旦断供会失去渠道伙伴的支持	由于很多郊县之间的公路不畅，且各县有当地的水泥厂，地域限制性变重要	P·C32.5 袋装 50% P·S32.5 袋装 35% P·C32.5 袋装 15% 特种水泥
城市零售	质量工艺要求一般	零售业务，很稳定	风险很高，一旦断供会失去渠道伙伴的支持	有一定的地域限制，但会随着品牌效应的增加而减弱	P·C32.5 袋装 47% P·S32.5 袋装 50% P·O42.5 袋装 3%
城市周边房地产和工业	质量工艺要求比城市房地产（散装）低	郊县项目，连续性不强	有部分风险，但可以对供应比例进行调节	郊县作中小型项目地域性很强，需要就近供应，但大工业项目可覆盖范围更远	P·O42.5 袋装 65% P·O42.5 散装 5% P·C32.5 袋装 30%
房地产及市政（袋装）	质量工艺要求很低	经销为主的模式，容易受到低价产品的冲击	风险很小，替换成本和客户的忠诚度都很低	距离限制不大	P·C32.5 袋装 70% P·S32.5 袋装 25% P·O42.5 袋装 5%

图 1-9　水泥工厂周边多个细分市场的需求分析

需要对某地区周边区域水泥市场进行细分,包括房地产及市政(散装)细分市场、重点工程细分市场、农村应用细分市场、城市零售细分市场、城市周边房地产和工业细分市场、房地产及市政(袋装)细分市场。

对不同的水泥细分市场的需求进行深入的调研研究,比如从质量工艺、长期销量稳定性、断供风险、地域邻近性要求和产品组合等维度考量。

针对细分市场需求矩阵中的每一个交叉点,评估其重要性等级。图1-9所示矩阵图形中如果圆形全灰,表示要求最高,如果部分灰,表示要求不高。

纵观某区域周边细分市场需求矩阵全貌,图1-9中质量工艺维度,房地产及市政(散装)和重点工程两个细分市场要求最高;而在长期销量稳定性维度,城市零售细分市场业务稳定性最高。

第二步,对应该区域细分市场的需求矩阵,针对不同水泥工厂的实际情况进行匹配分析(图1-10)。

列出每家水泥工厂的位置、质量工艺、保供能力和袋装能力等方面的实际情况。针对不同水泥细分市场的质量工艺、长期销量稳定性、断供风险、地域邻近性要求等维度进行匹配分析,并在分析之后选择最匹配的水泥细分市场。

根据水泥工厂的实际产能和每个水泥细分市场的市场需求情况,对水泥产能分配进行规划,即确定不同细分市场的水泥产能供应分配比例和水泥保供优先级。

每家相关的水泥工厂都应该制作一张类似的分析图。

第三步,整合所有相关水泥工厂和所有相关水泥细分市场的匹配管控(图1-11)。

列出所有相关区域的水泥细分市场,包括房地产及市政(散装)细分市场、重点工程细分市场、农村应用细分市场、城市零售细分市场、城市周边和工业细分市场、房地产及市政(袋装)细分市场,测算出每个细分市场的水泥需求总量。

列出所有相关的水泥工厂,并且标明每家水泥工厂的产能情况。

在每个细分市场确定哪家水泥工厂首要保供,哪家水泥工厂是补充和保供型。

每家水泥工厂会更加清晰哪些是首要供应的细分市场,哪些是次要供应的细分市场,其产品的质量考核要求需要与首要供应的细分市场相匹配。

拐点后中国水泥变革之路
——论水泥战略、营销、管理的基本原理

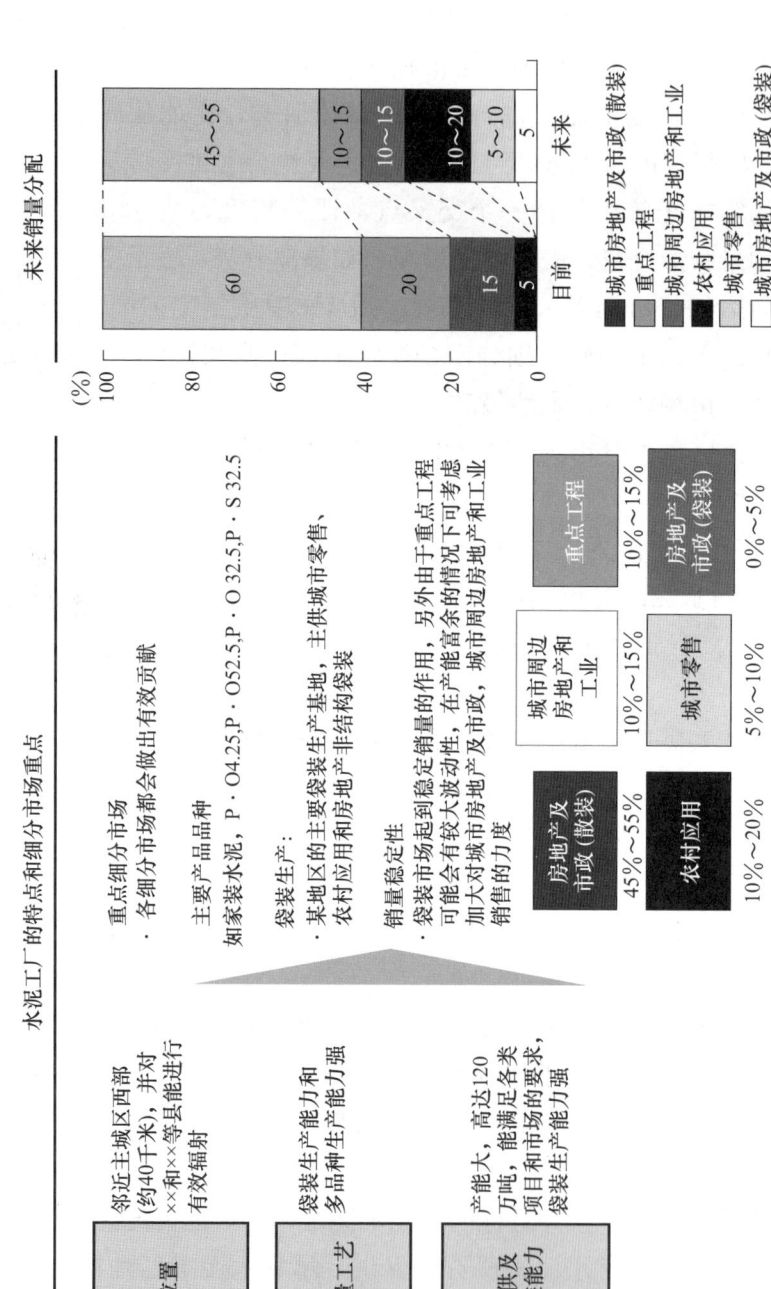

图1-10 不同水泥工厂的特点及匹配的水泥细分市场

第一章 拐点后中国水泥市场的发展趋势

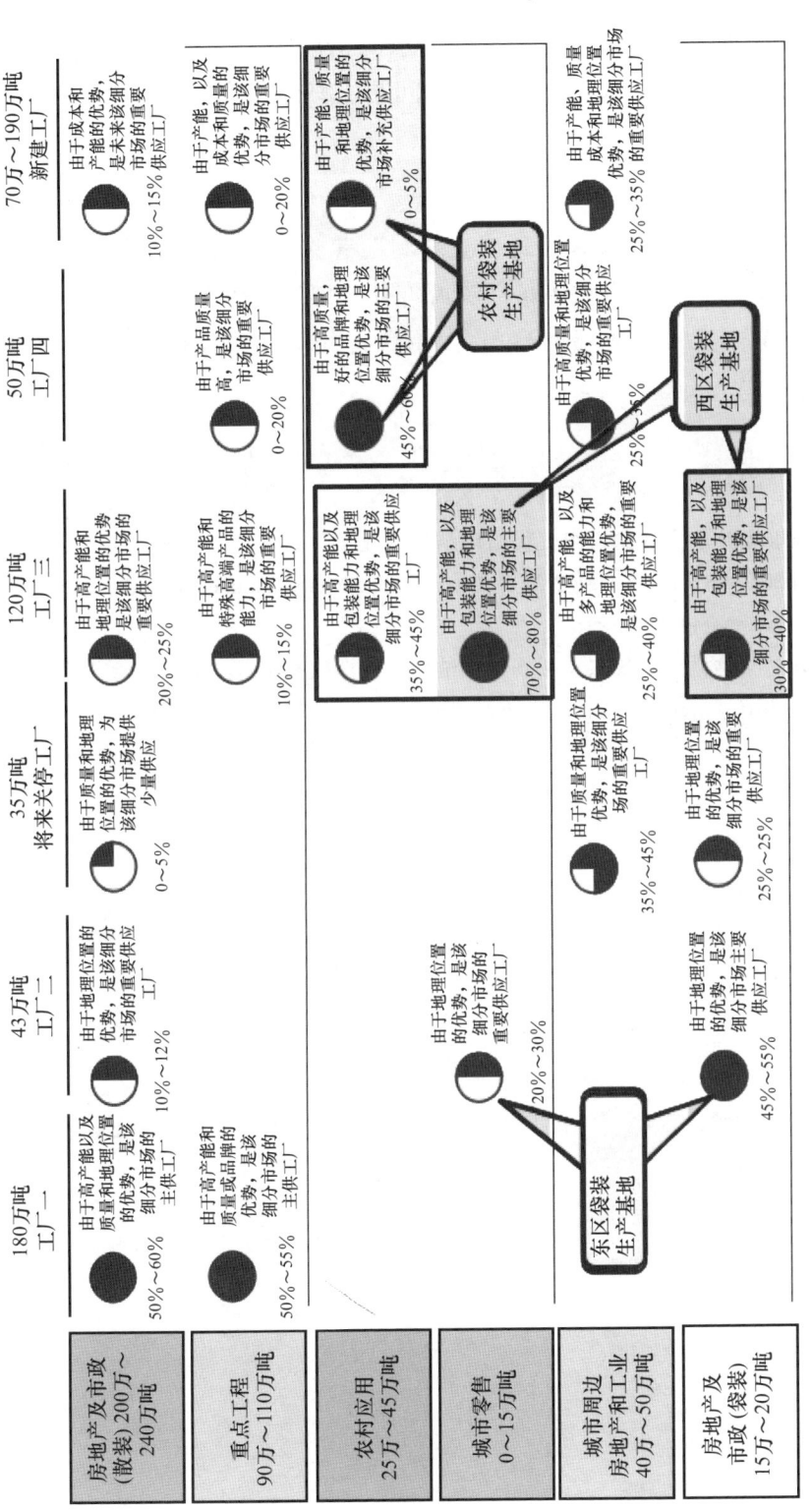

图 1-11 多个水泥工厂与多个水泥细分市场的匹配关系图
(信息来源：拉法基内部数据、客户拜访和市场分析)

注：● 代表对各细分市场供应的比例，全黑代表 50% 或以上，比例越小，黑色涂的部分越少。

区域所有水泥细分市场与所有相关联的水泥工厂的匹配关系图，使复杂的多个水泥细分市场与多家水泥工厂的匹配问题能够得到清晰和有效的解决。

思考题

（1）你所在的水泥企业采取的是"量本利"营销战略还是"价本利"营销战略，此营销战略在面对当前市场环境时有什么问题，该如何改进？

（2）你所在的水泥区域市场的格局是怎样的？有没有市场格局被打破的风险，该如何应对？

参考文献

[1] 杭州中建科技水泥分享．并购重组促供给侧结构性改革 中国建材扛起产业升级大旗[EB/OL]．（2020-06-28）[2023-02-20]．https://baijiahao.baidu.com/s?id=1670706033792641400&wfr=spider&for=pc．

[2] 中国青年网．中国建材董事长宋志平畅谈供给侧结构性改革[EB/OL]．（2016-03-02）[2023-02-20]．http://news.youth.cn/gn/201603/t20160302_7697009.htm．

第四节 资本市场是水泥行业的背后推手

对于中国水泥市场的未来趋势，资本的力量是一个不太被中国水泥行业关注但又极其重要的影响要素。大家通常更加关注中国经济形势、中国水泥行业相关政策、中国水泥行业最新生产技术和中国水泥市场价格，但是笔者认为，资本市场是中国水泥行业的主导力量之一，中国水泥企业要走向世界，就必须具有更强的资本市场洞察力和运作能力。

接下来，介绍两家国际知名水泥企业的资本运作案例。瑞士豪瑞集团2000—2010年对华新水泥总投资不到30亿元，占股40%以上，华新水泥市值到2022年底大约为300亿元，仅仅从市值估算瑞士豪瑞集团已经有约5倍的投资回报，而瑞士豪瑞集团并未参与华新水泥的日常经营管理，仅在北京设有一个办事处。法国拉法基集团在2007年以88亿欧元的价格收购了中东和地中海地区的Orascom水泥公司，并承担该公司14亿欧元的净债务。但之后遇到了欧洲金融危机，导致拉法基集团这家曾经世界排名第一的百年水泥企业，被迫退出很多国家的水泥市场。因此，可以说对水泥资产的一次成功收购可以让企业赚得盆满钵满，而对水泥资产的一次失败收购，则有可能拖垮企业资金链，造成无法挽回的损失。

在中国水泥市场发展的三个时期，资本市场的主导策略完全不同（图1-12）。在中国水泥市场需求扩张期，资本会逐步增加投入获取高增长潜力的水泥资产；在中国水泥市场需求高位震荡期，资本会有选择地退出部分成长性不好的水泥资产，并且推动中国水泥企业向多元化业务方向发展；在中国水泥市场需求萎缩期，资本会择机离场，或者推动中国水泥企业的兼并重组。

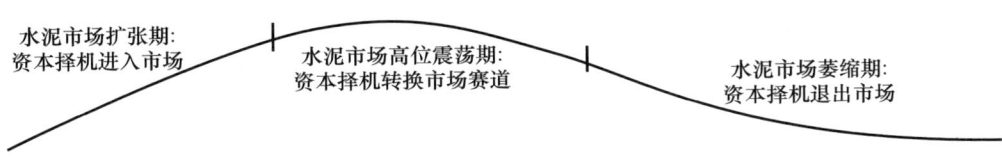

图1-12 水泥市场三个发展时期不同的投资策略

拐点后中国水泥变革之路
——论水泥战略、营销、管理的基本原理

一、中国水泥市场需求扩张期的资本进驻步伐

资本市场在中国水泥行业创造了很多奇迹,其中最著名的两个案例如下。海螺水泥1997年在中国香港上市,之后得到了摩根大通的增持。1997年海螺水泥上市时只有两家工厂,熟料产能不足400万吨,到2015年熟料产能已超过2亿吨,产能规模增长了49倍,而且绝大多数都是新建产能项目,相当于用18年时间增加了约2亿吨熟料产能。中国建材2006年在中国香港上市,之后得到了摩根士丹利的增持,2007年成立南方水泥并通过3年时间创造了一个奇迹,形成1亿吨以上的产能规模。中国建材到2013年以后才逐渐放慢了水泥产能的收购步伐,在2007—2013年整合收购了大量落后的水泥产能。当时大家对中国建材收购熟料产能的行为都不理解,甚至认为溢价收购的做法吃了大亏,但是到2016年中国开始实施供给侧结构性改革和错峰生产政策,整个中国水泥行业迎来了利润暴涨的春天。如果没有中国建材把这么多零散的中国民营水泥产能整合在一起,那么中国水泥市场价格维持在较高水平是很难做到的。另外,随着中国供给侧结构性改革的推进,中国水泥企业利润大幅提高,中国水泥资产价格也同步水涨船高,2007—2013年中国建材对水泥产能的收购,如今看来价格是十分便宜的。

除了中国第一和第二大水泥企业之外,资本市场在中国水泥行业的快速扩张中起到了决定性作用。到2020年,中国18亿吨熟料产能中的大部分都有资本的助力,其中包括国际水泥企业的直接投资,例如拉法基集团直接投资中国市场,瑞士豪瑞集团投资华新水泥等。

二、中国水泥市场需求高位震荡期的资本多元化选择

在中国水泥市场高位震荡期,由于中国水泥错峰生产政策,中国水泥市场价格大幅提升,中国水泥企业的利润大幅提高,股价也大幅提升。为了进一步提升公司业绩,资本推动中国水泥企业向更多新领域发展,这是符合投资逻辑的。当前上市中国水泥公司的主要投资热点是骨料业务,而且多为大型骨料矿权,以快速布局,在短期内实现亿吨以上的骨料产能规模(表1-2)。

第一章 拐点后中国水泥市场的发展趋势

表1-2　2022年新获骨料矿权排名

	新获骨料矿权（亿吨）	所在地
中国电力建设集团	15	广东、广西、云南
华润水泥控股有限公司（以下简称华润水泥）	5	广西、湖北
中国建材	4	浙江、四川、安徽、湖南
华新水泥	4	湖北
海螺水泥	3	安徽、广东

资料来源：水泥大数据。

2020年，很多投资领域人士咨询水泥行业的投资机会，认为水泥是投资回报率最高的优质资产。这说明在中国水泥市场需求高位震荡期，水泥资产受到了整个资本市场的关注，也吸引了一部分不熟悉中国水泥行业的外来资金进入。在大量外来资金涌入中国水泥行业的同时，中国水泥行业内部分长期资本却在悄悄退场。例如2016年湖南某地一家民营粉磨站以1.6亿元（大部分为银行贷款）收购了一家2×2500吨/天的熟料产能工厂，当时当地水泥市场正在打价格战，水泥市场价格是160元/吨，在经历中国水泥错峰生产的市场红利期之后，该熟料产能在2021年以5亿元的估值被国内一家龙头水泥企业收购，如果再计算这些年该熟料产能的利润，那么其投资回报率将超过10倍。国内著名投资公司IDG资本在收购四川双马水泥股份有限公司之后，于2020年6月以8.2亿元转让其旗下遵义三叉镇5000吨/天的水泥工厂给西南水泥，并且发布公告宣布将逐渐淡出水泥业务板块。

在中国水泥市场需求逐渐萎缩的背景下，中国水泥行业去产能将是必由之路，中国水泥资产的价格大概率会不断走低。进一步推演，如果中国水泥市场需求未来达到1吨/人，那么当前依然具有较高市场估值的水泥产能指标的长期价值不大，甚至可以说没有价值。

当前中国水泥行业依然存在的认知误区是，认为利用落后熟料产能指标置换和新建更有成本竞争力的熟料产能，依然是一个好的投资机会。从投资回报的逻辑分析，只有当新项目投入能够获取更大的利润回报时，投资逻辑才成立，即新增熟料产能项目的投资逻辑只在水泥市场总利润较丰厚的时候成立；但是当中国水泥市场需求进入下行通道，在未来熟料产能利用率很低，中国水泥行业利润率也很低的条件下，新增熟料产能的资金投入将远大于未来工厂利润的收益预期，此项目的投资逻辑很难成立。

三、未来水泥市场的投资建议

那么当前水泥资本投到哪些地区会更好呢？2022年宋志平教授在北京大学光华管理学院讲课时给出的建议是：中国水泥企业应该利用新冠疫情的时机到海外去投资。把宋志平教授的建议展开说明：我们尤其要关注那些国家经济未来能够从低位启动，并能够带动水泥市场长期增长的海外市场。笔者强烈推荐关注东南亚、印度、墨西哥等制造业快速发展的国家，这些国家类似于20年前的中国。

对于能耗较高且产能较小的中国民营水泥工厂，建议首选在中国水泥市场需求萎缩期初期择机退出市场。另外，还可以从水泥市场竞合博弈的角度分析，寻找与自身水泥产能最匹配的买家，如此有机会得到一些资产溢价。如果水泥资产短期转让价格太低或者缺少买家，那么只能选择让水泥企业先生存下来。建议从水泥营销方面入手做水泥细分市场和客户的优化，提升水泥产品溢价能力；或者做一些投入少、见效快的降低管理成本和销售成本的项目；又或者利用少量投资向下做产业链延伸，开发有利润的水泥制品。

对于大型水泥企业来说，要在海外大规模收购熟料产能和拓展水泥业务，提升资本市场的分析和决策能力非常重要。过去许多中国水泥企业的投资决策主要依靠两方面，第一是企业高层领导的经验判断，第二是对中国水泥行业相关政策的把控。在海外水泥市场做投资，风险要大得多，需要准确预判海外未来水泥市场的发展趋势、汇率风险、市场壁垒和市场稳定性等方面的综合内容，需要引进专业投资分析人才，掌握专业水泥投资工具和分析方法。

国际上关于现有水泥产能估值的简单计算公式是10倍的EBITDA（EBITDA指未计利息、税项、折旧及摊销的利润）。10倍的EBITDA是水泥产能估值的基准参考值。10倍是对未来现金流预期净现值累加的估算。当银行利率和资金成本较低时，水泥产能估值会略微上升，反之会略微下降。

下面分享三种评估资产价值的常规方法。

（一）成本法

成本法也称重置成本法，是从待评估资产在评估基准日的复原重置成本或更新重置成本中扣减其各项价值损耗，来确定资产价值的方法。其基本公式为：

资产评估值＝被评估资产重置成本－资产实体性贬值－
资产功能性贬值－资产经济性贬值

（二）收益法

收益法是指通过估算被评估资产未来预期收益并按照适宜的折现率折算成现值来确定被评估资产价值的资产评估方法。收益法是根据将利求本的思路，采用本金化和折现的方法来判断资产价值的评估方法。前文提到的10倍EBTDA就是一种收益法。

（三）市场法

市场法，即现市价法，是以市场价格作为资产评估的价格标准，据以确定资产价格的一种资产评估方法。它是通过比较被评估资产与最近售出类似资产的异同，并将类似资产的市场价格进行调整，从而确定被评估资产价值的一种资产评估方法。

附加内容

案例一：水泥工厂新业务投资反面案例

项目投资需要回答四个经典问题：是否是机会（钱在哪里），为什么是你（独特优势），是否值得做（投入产出比），是否可以做（风险在哪里）。

某熟料产能5000吨/天的工厂主营水泥和骨料业务。它距离省会城市较近，地理位置较好，且交通便利。工厂在骨料生产过程中产生大量表层土，而处置这些表层土成本高，存在环保风险，且需要很多排土场。另外，了解到表层废土可以生产水泥砖，它是黏土烧结砖的替代品。因为国家相关政策导向是取缔黏土烧结砖，预判黏土烧结砖替代产品未来具有极大的市场机会。再有，通过性能测试发现，水泥砖与烧结砖相比，具有抗压指标更好、外观更加漂亮的优势。因此工厂立即做出决策投资兴建1亿块/年产能的水泥砖厂，不但解决了骨料表层土的处置问题，而且抓住了国家取缔黏土烧结砖的市场机遇，拓展增长新业务。

此项新业务项目的投资听起来非常符合逻辑，但最后实施的效果非常不理想。经过认真总结教训发现此砖厂项目存在如下一些问题。

第一，项目投资成本太高。聘请正规设计院规划产品生产线，生产工艺复杂，产品质量较好，但是厂房和设备总计投资大约5000万元。

第二，销售价格未达预期。原计划水泥砖销售价格能够达到0.5元/块（高于黏土砖），实际上水泥砖销售价格只有0.25元/块（低于黏土砖），远低于预期。

第三，销量未达预期。虽然取缔黏土砖是国家的长期政策，但是水泥砖所对标的烧结砖多大量使用附近煤矿的煤矸石，不但成本极低而且还在环保政策允许范围之内，导致水泥砖在市场竞争中处于劣势。

第四，生产环节出现问题。因为新建生产线，工艺流程不熟悉，产品的包装和分垛等灵活性差，生产环节存在瓶颈，无法实现全产能生产，设计产能1亿块/年的生产线，实际产能只有5000万块/年。

第五，物流环节出现问题。水泥砖比烧结砖重，导致水泥砖物流成本升高，销售成本增加10%～20%，产品单价低，远距离运输市场竞争力差。

此案例的教训总结主要是，仅通过一般性调研就进入一个陌生市场，并进行较大规模的项目投资的风险是非常高的。进入新的不熟悉的业务领域，一定要先低成本试运行，再进行投资立项；要充分了解竞争对手，并且经过与竞争对手市场实战，证明具有明显竞争优势；财务成本测算一定不能够"拍脑袋"做，要认真真实测算，否则会形成巨大的偏差。

案例二：如何通过开发水泥新产品提升经济效益（新产品开发五步法）

中国水泥市场需求萎缩阶段，市场格局相对比较固化，进行深入的客户细分，深入挖掘现有客户未被满足的需求，提高客户满意度，提升溢价水平是发展方向。产能端可以依据客户的不同需求设计出更有针对性的特色产品，比如原拉法基水泥曾经在某省会城市针对家装细分市场推出品牌家装水泥，赢得了较高的市场份额，获得了高于竞争对手50元/吨以上的品牌溢价。在西方发达国家成熟的水泥市场，水泥企业通常会设置很多小容量的水泥罐，以对应多种特殊水泥产品，而中国水泥企业通常设置几个大容量水泥罐，储存2～3种标准化水泥产品。

开发水泥新产品与传统水泥销售所遇到的挑战有很大差异。水泥新产品开发具有很多不确定性，包括客户需求的不确定性、新产品生产质量的不确定性、项目投资总额控制的不确定性、新销售渠道的不确定性等。下面分享一下国际水泥企业开发新产品常用的五步管理方法和流程,供大家参考。

第一步,提高决策层级,由生产、销售、物流等部门领导成立产品开发委员会,并由总经理作为产品开发委员会主席。定期召开会议,讨论如何提升现有产品质量和开发新产品,并委派高层领导作为新产品开发项目经理,以便及时发现问题,提出解决方案并快速落实。

第二步,充分进行市场调研,准确预判市场机会与财务价值,做到先算账再做事。在实务中,即便发现一些客户新需求和新产品机会,但是因为这些机会要么不具有持续性,要么目前新市场体量太小不值得做也应予以放弃。真正找到一个既具有持续性又有利可图的新市场和新产品的机会是不容易的,有运气的成分,一旦明确机会就要坚定地长期做下去。

第三步,每家水泥企业都有自身的优势和特点,要依据自身的特点和市场特点来进行合理的策划。比如,产能小的水泥企业如果距离主要城市比较近,则可以生产家装水泥;如果石灰石质量好、熟料等级高,则可以生产P·O52.5水泥或者针对商混站生产富余强度较高的商混站专用水泥,也可以根据周边的市场需求延伸开发一些水泥制品等。实际上某核心城市周边水泥企业的家装水泥已经在市场取得了较大成功,而后又增加了托盘和整吨包装方便产品装卸,在降低搬运成本的同时提升了产品的外观质量,进一步强化了市场优势。

第四步,对市场机会需要做低成本确认,然后再进行大规模投入。有些水泥企业发现市场机会后,立即非常自信地进行大规模投入,但问题往往是在运营过程中发现的,太快进行大规模投入会造成很大的风险和浪费。例如,当客户对某类产品有新的性能需求时,在初期可以利用现有的产品进行再加工改进,然后让客户试用,等客户有较好反馈之后再大规模地投入量化生产,这样做虽然成本高一些,但是成功率会大大提高。所以,开发新产品的逻辑是渠道和营销在前而投资生产在后,这样的模式更容易成功,即使决策失误也能够避免损失过大。

第五步,新产品营销过程中定期回顾,不断改进产品质量、生产工艺和营销模式,逐渐让业务模式成熟化。比如前文中所说的拉法基重庆家装水泥的成功,不是一蹴而就的。从最初产品策划、产品生产、市场投放,到打开市场,销量和价格逐步提升,整个过程经历了3~5年的时间。其间,重庆家

拐点后中国水泥变革之路
——论水泥战略、营销、管理的基本原理

装水泥营销遇到各类问题，如家装水泥销售渠道的问题，家装水泥和工程水泥市场交叉的问题，口子店和建材超市渠道的问题等。即便如此在其他大城市推广和复制家装水泥模式，由于各个城市的家装水泥市场环境不同，最终的营销结果也有较大差异，有些城市家装水泥甚至并未推广成功。

思考题

（1）你所在的水泥区域市场，哪些水泥企业有产能出售的意向，能否对这些有产能出售意向的水泥企业进行估值？它们实际的报价大约是多少？

（2）从水泥市场整合来分析，如果要提升你所在水泥企业在当地水泥区域市场的掌控能力，从资本运作的角度你对企业的建议是什么？

参考文献

[1] 新浪财经. 蒋兴每日经济新闻. 华新水泥拟定向增发B股 股改后B股再融资第一枪[EB/OL]. （2005-11-18）[2023-02-20]. http：//finance.sina.com.cn/g/20051118/0131403608.shtml.

[2] 水泥网. 豪瑞将投7亿元支持华新水泥发展[EB/OL]. （2011-09-09）[2023-02-20]. http：//www.ccement.com/news/content/46081.html.

[3] 贺文国. 华新水泥：实际增发7520万股 摊薄减少凸现估值优势[EB/OL]. （2008-02-18）[2023-02-20]. http：//www.jjmmw.com/news/detail/106478/.

[4] 拉法基集团. 拉法基收购中东和地中海地区领先水泥制造商——Orascom水泥[EB/OL]. （2007-12-20）[2023-02-20]. https：//www.ccement.com/news/content/20612.html.

[5] 喻悦. 昔日水泥巨头"拉法基豪瑞"去哪儿了？[N/OL]. 中国建材报，（2021-08-17）[2023-02-20]. https：//m.thepaper.cn/baijiahao_14082613.

[6] 中国经济网. 水泥制造商拉法基欲退出印度业务[EB/OL]. （2016-01-06）[2023-02-20]. http：//m.cankaoxiaoxi.com/world/20160106/1046338.shtml.

[7] 巴西商业资讯网. 全球最大的水泥生产商计划退出巴西[EB/OL]. （2021-04-23）[2023-02-20]. https：//www.163.com/dy/article/G88UUDKN0519BOH6.html.

[8] 邝龙. 海螺水泥H股获摩根大通巨额增持[N/OL]. （2015-01-12）[2023-02-20]. https：//www.dcement.com/Article/201501/131122.html.

[9] 中国建材公司. 中国建材上市是摩根最成功的项目之一[EB/OL]. （2006-03-27）[2023-02-20]. http：//www.cnbmltd.com.cn/art/2006/3/27/art_1180_60676.html.

[10] 水泥网. 中国建材股价强势飙升[EB/OL]. （2006-05-12）[2023-02-20]. https：//www.ccement.com/news/content/1210971.html.

[11] 雷前治.雷前治:中建材重组南方水泥是水泥发展史的奇迹[EB/OL].(2011-10-26)[2023-02-20]. https://www.ccement.com/news/Content/47040.html.

[12] 江晖.四川双马拟转让遵义砺锋水泥100%股权[EB/OL].(2020-06-03)[2023-02-20]. http://www.cinn.cn/gongjing/202006/t20200603_229463.htm.

[13] 杭州中建科技水泥分享.13家上市公司骨料收入排名!哪家卖得最多?哪家毛利率最高?[EB/OL].(2022-09-03)[2023-02-20]. http://baijahao.baidu.com/s?id=1745374350848703619&wfr=spider&for=pc.

第二章　拐点后中国水泥企业的营销变革

第一节　水泥营销最优量价和产销平衡策略的实操框架

很多人说营销是一门艺术,也有人说营销是一门科学,那么水泥行业的市场营销到底是科学,还是艺术,或是两者兼而有之呢?营销科学论认为营销是可以被理论化、体系化、复制和管控的一项严谨工作。营销艺术论认为营销是营销专家无法复制的创造性工作,讲究天时、地利、人和,遵循"兵者,诡道也"。

笔者认为营销的科学性和艺术性是一个事物的两个方面,彼此结合相辅相成。科学性是基础,艺术性是应用,不遵循科学规律的实践必然是盲目的,而不结合实际的机械执行也无法达成预期效果。水泥行业是一个百年行业,可以借鉴国际水泥企业成熟的营销方法论体系,提炼其中的水泥营销核心逻辑和关键成功要素,并把这些内容与中国水泥市场营销实践经验相结合,加以灵活应用。以此为原则,指导中国水泥企业制定长期营销战略和短期营销策略,必然能够对企业业绩提升产生巨大帮助。

一、水泥营销的三个主要影响要素及其底层逻辑

水泥营销最受关注的指标是水泥销量和水泥价格,以及对应水泥工厂的产销平衡。那么应该怎样做才能实现最优的水泥量价组合和水泥工厂的产销平衡呢?有没有适用于不同水泥市场环境的通用营销框架呢?

从一个最基本的水泥营销公式出发,先讨论清楚水泥营销的核心逻辑,再延展出能够落地实践的相关结论和建议。

水泥工厂的销售收入＝PO42.5(散)销售收入(市场份额1×市场容量

1×价格1+市场份额2×市场容量2×价格2+…+市场份额m×市场容量m×价格m)＋PC42.5（袋）销售收入（市场份额1×市场容量1×价格1+市场份额2×市场容量2×价格2+…+市场份额n×市场容量n×价格n)＋…＋不同产品销售收入（市场份额1×市场容量1×价格1+市场份额2×市场容量2×价格2+…+市场份额j×市场容量j×价格j)

通过这个公式，可以得出水泥营销的三个关键影响要素（不同水泥企业生产的水泥产品具有同质化特性，因此假定产品要素为非关键要素）：

关键要素一，区域水泥市场份额，即区域水泥各细分市场的销量；

关键要素二，水泥价格，即区域水泥市场的价格；

关键要素三，区域水泥各细分市场份额和水泥价格的组合，即如何通过水泥销售品种的选择和区域水泥细分市场的选择（卖什么、在哪里卖）来实现水泥工厂的最优产销平衡。

（一）区域水泥市场份额

如何在区域水泥市场获取更大的份额？能否获取高于竞争对手的水泥市场份额？甚至能否实现独占区域水泥市场？

图 2-1 所示是经典的区域水泥市场份额分配和均衡价格原理图，它延展出与水泥销量要素相关的四个重要结论。

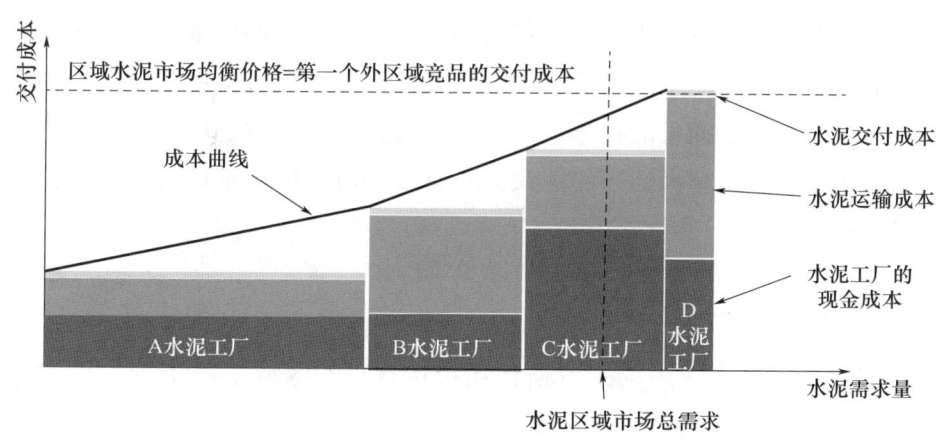

图 2-1　经典的区域水泥市场份额分配和均衡价格原理图

结论一：水泥市场是共享的。因为水泥具有产品同质化的特性，所以在区域水泥市场中的所有水泥企业最终会形成动态共存的市场格局。

结论二：共享水泥市场的份额分配原则。区域水泥市场中各水泥企业的市场份额与其产能的份额相关（水泥市场份额与水泥产能份额成正比），水泥产能份额越大的企业理论上其市场份额也越大。另外，区域水泥市场中各水泥企业的市场份额也与区域市场内的水泥企业数量相关（水泥市场份额与水泥企业数量成反比），水泥企业数量越多，理论上每家水泥企业的市场份额越小。因此每家水泥企业合理的市场份额是一个范围，在水泥产能份额与水泥企业数量倒数之间；最大值不应超过这一范围的上限，最小值不应超过这一范围的下限。这一范围也是水泥市场格局稳定的边界，打破这个范围必然导致区域水泥市场格局破坏和水泥价格崩塌。

结论三：水泥市场份额分配没有绝对的合理性，市场份额稳定性比市场份额合理性更加重要。区域水泥市场份额的分配还受到其他变量的影响，比如水泥生产成本、运距、品牌、水泥营销策略、水泥市场淡旺季等因素，但是只要在上述合理的范围内，稳定的水泥市场份额结构就比局部的得失更重要。

结论四：每一次水泥市场格局再平衡，都伴随着水泥价格波动（水泥市场份额格局打破→水泥价格下跌→水泥市场格局稳定→水泥价格恢复）。破坏区域水泥市场格局的主要原因包括：外来水泥的市场入侵、水泥集团总部的施压、水泥工厂产销平衡的施压、重要水泥工厂的营销经理等人员变更等。区域水泥市场格局破坏必然造成水泥市场连锁反应和水泥价格大幅下滑。水泥价格下跌到底部会形成新的水泥市场格局再平衡，但在水泥价格恢复的过程中，水泥价格底部的格局平衡可能被再次破坏，导致新一轮水泥价格战，形成恶性循环。所以水泥市场价格大幅度的涨跌循环是水泥市场格局不稳定和水泥市场不成熟的表现。

（二）区域水泥市场的价格

如何维护区域水泥市场的价格长期稳定合理？区域水泥市场价格能否实现持续上涨，水泥价格的上限在哪里？影响区域水泥市场价格的因素有哪些？

同样参考经典的区域水泥市场份额分配和均衡价格原理图（图2-1），其中提出了一个重要的水泥营销概念——区域水泥市场均衡价格。区域水泥市场的均衡价格也是外来水泥的交付成本：水泥交付成本＝水泥生产成本（变动＋固定）＋运费＋渠道成本＋销售人员成本－品牌溢价。若区域水泥市场价格低于外来水泥交付成本,则外来水泥无法长期进入区域水泥市场,导致区域水泥市场价格上涨;反之,若区域水泥市场价格高于外来水泥的交付成本,则外来水泥进入区域水泥市场,导致区域水泥价格下跌,直至价格平衡点。

根据区域水泥市场均衡价格和水泥交付成本的原理,延展出与水泥价格要素相关的三个重要结论。

结论一:区域水泥市场存在均衡价格,在成熟的区域水泥市场水泥实际价格应该在水泥市场均衡价格上方小幅波动(水泥市场实际价格大于或等于水泥市场均衡价格)。在没有新增产能的情况下,一个成熟的区域水泥市场即使没有错峰生产政策,水泥价格也应该是长期稳定的,水泥价格波动的原因是水泥市场格局的长期不稳定。

结论二:区域水泥市场的物流条件和市场壁垒决定了区域水泥市场均衡价格水平(水泥营销的盾)。相对封闭的内陆水泥市场容易实现较高的区域水泥市场均衡价格,而开放的临江临海水泥市场均衡价格的影响因素要复杂很多。水泥行业错峰生产政策本质上不能维持水泥价格稳定,但是客观上可以抑制水泥销售的非理性行为,间接起到稳定水泥市场格局的作用。海外国家水泥市场通常会阻止外来水泥企业进入,这也是为了维护其国家水泥市场内部水泥市场格局和水泥价格的稳定。

结论三:水泥工厂的营销核心竞争力是水泥交付成本(交付成本包含生产成本)。水泥交付成本不仅决定了市场上水泥的单吨盈利能力(水泥营销的矛),还可以影响水泥的销售半径。

(三)区域水泥细分市场份额和水泥价格的组合

如何实现水泥工厂的最优产销平衡?如何选择最优的区域水泥市场量价组合?长期水泥产销平衡策略与短期水泥营销市场行为的差异在哪里?

图2-2所示是经典的水泥工厂的竞争力模型。图2-2(a)是有竞争力的水泥工厂,其覆盖大量盈利水泥细分市场(横坐标轴上方的细分市场)和少量非盈利水泥细分市场(横坐标轴下方的细分市场)。图2-2(b)是无竞争力的水泥工厂,其覆盖少量盈利水泥细分市场(横坐标轴上方的细分市场)和大量非盈利水泥细分市场(横坐标轴下方的细分市场)。通过图2-2,得出了与水泥工厂产销平衡要素相关的四个重要结论。

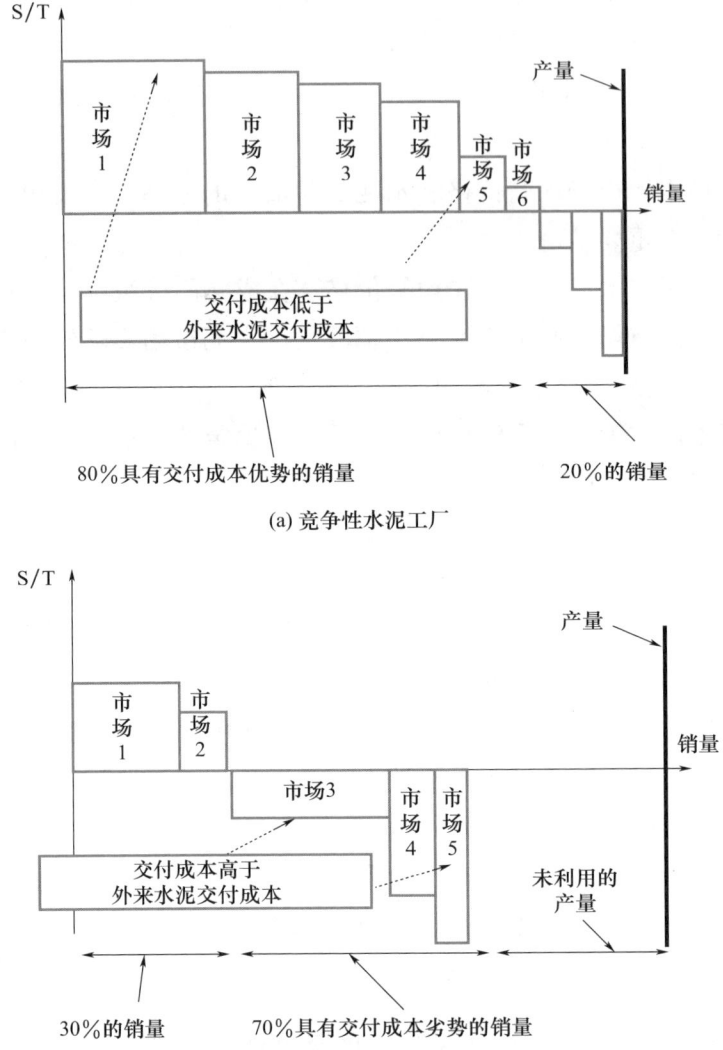

图 2-2　水泥工厂竞争力对比模型

结论一：有竞争力的水泥工厂需要经营更多的盈利细分市场（盈利细分市场多于非盈利细分市场）。这里面包含两层含义：首先要优先建立强势水泥细分市场，比如品牌溢价较高的家装水泥市场和民用建房高端水泥市场；其次在公共水泥细分市场，要尽可能多地增加盈利细分市场数量，同时减少并保留少量非盈利细分市场，这就需要针对不同的水泥细分市场制定不同的中长期经营策略。

结论二：水泥工厂覆盖的所有细分市场需要整体规划和运营，不能仅关注局部（整体的重要性高于局部）。水泥工厂覆盖的所有细分市场是整体联动的，一个水泥细分市场的策略做出调整，为确保产销平衡必然要求其他水泥细分市场相应联动。水泥工厂的水泥销售半径决定了覆盖水泥细分市场的数量，与水泥物流能力直接相关。因此有水运物流能力的水泥工厂要比有陆运物流能力的水泥工厂的市场覆盖范围大很多。

结论三：要做好水泥细分市场营销需要针对不同客户需求进行差异化和专业化运营，逐步改变对所有客户"一刀切"的操作方式。一般把水泥客户分为三大类，包括重点工程、商混和民用工程。不同地域的水泥客户、不同细分市场的水泥客户的需求都有很大差异。因此，要对不同的水泥细分市场进行深入的研究，建立客户档案，了解客户消费习惯，挖掘客户需求，建立差异化的水泥渠道策略并提供差异化服务。

结论四：海外国家水泥市场与中国水泥市场因为市场条件差异大，所以不能采用相同的营销模式。中国水泥市场是一个联动的大市场，其主要问题是国内竞争对手造成的非理性竞争。水泥价格波动较大，但价格恢复相对容易。海外国家水泥市场是许多差异化和分散的小区域市场集合体，其主要问题是海外国家水泥市场的商业壁垒、渠道搭建、物流通畅、品牌认可度等。水泥价格波动小，但是价格体系一旦被破坏就较难恢复。所以在海外国家水泥市场做营销要在不同国家水泥市场制定针对性的策略并采取渐进式发展方式，要避免"大水漫灌"和大刀阔斧的激进式策略。

二、打造一个合理的水泥市场格局并持续经营水泥细分市场

以上所有水泥营销原理的逻辑和结论可以归结为两大类：水泥市场格局策略和水泥细分市场经营策略。这两类策略的逻辑既互相独立，又密切相关。首先，没有稳定的水泥市场格局就无法很好地经营水泥细分市场，因为经营就意味着长期投入和持续优化，如果水泥客户本身不稳定，那么经营细分市场就是空谈；其次，更好的水泥细分市场经营可以增加水泥客户黏性，从而有利于水泥市场格局的稳定，可以提高竞争对手抢夺水泥客户的成本，逐渐建立起水泥品牌溢价和水泥市场壁垒。表 2-1 所示是水泥市场格局策略和水泥细分市场经营策略的基本内容框架，供大家参考。

表 2-1　区域水泥市场营销策略框架

水泥市场格局策略	水泥细分市场经营策略
单一水泥细分市场的份额（合理的市场份额的范围）	水泥物流成本优化和发运效率提升
单一水泥细分市场的目标均衡价格（如何避免非理性价格竞争）	水泥品牌溢价和客户服务
单一水泥细分市场核心客户的选择和维护	水泥渠道策略和渠道成本优化
水泥片区销售半径和覆盖范围，盈利细分市场和非盈利细分市场的布局组合（市场淡旺季规划）	完整的水泥交付成本优化和比较优势
水泥机会细分市场的份额和核心客户	水泥新产品的新业务机会

为什么在中国水泥市场实现相对稳定合理的市场格局如此困难？在中国水泥市场发展的不同时期，有不同的中国水泥市场格局演变历程和深层原因。

在中国水泥市场需求扩张期，水泥市场需求增加，不断有新水泥客户和新水泥市场机会产生。但是中国水泥产能供给的增长速度远远大于中国水泥市场需求的增长速度，很多"量本利"营销战略下具有成本优势的新增水泥产能陆续投放市场。投产新水泥产能必然需要大量获取水泥客户，在新增水泥客户需求不能满足新增产能的情况下，必然要抢夺原有水泥工厂大量老客户，如果原有水泥工厂不愿意放弃老客户，那么新增水泥产能只能依靠自身的成本优势，把水泥价格降到原有水泥工厂的成本线以下，依靠水泥价格优势把客户抢过去。因此，在中国水泥市场需求扩张期，中国水泥市场格局总是处于动荡之中，中国水泥市场价格不高且随着新增产能的投放而在局部区域产生剧烈波动。

在中国水泥市场需求高位震荡期，水泥新增产能大幅度减少，中国水泥市场格局的稳定性有所改善。但是中国水泥市场的需求有季节性波动，成为影响中国水泥市场格局稳定性的重要因素。上半年水泥市场需求萎缩，少数"量本利"营销战略下拥有成本优势的水泥产能为了提高自身的窑线运转率，大幅降价抢夺水泥客户，造成水泥价格大幅下跌；到下半年水泥市场需求增加，为了快速恢复水泥价格，通常由水泥企业的高层主导"一刀切式"涨价，水泥市场格局很难恢复到年初的状况。这样"价本利"营销战略下的水泥企业每年都要损失一小部分水泥市场份额，当年复一年累计损失到其市场份额临界值的时候,就会爆发大规模的区域水泥价格战。因此,在中国水泥市场需求高位震荡期,中国水泥市场格局会出现季节性变化,水泥价格在市场淡季下跌,在市场旺季上涨,每隔几年就会出现区域性水泥价格战。

在中国水泥市场需求萎缩期,随着中国水泥市场需求的进一步萎缩,为了维护窑线的基本运转,"价本利"水泥营销战略下的中国水泥企业和部分处于竞争劣势的中国水泥企业的老客户已经丢无可丢,另外随着停窑天数的增加,"量本利"水泥营销战略下的中国水泥企业的成本优势也在减弱,这为中国水泥市场格局的稳定带来了希望。每家水泥企业都应该认真分析水泥细分市场,改变以往轻视水泥客户、重视水泥价格的水泥营销思路,找到和自身能力相匹配的水泥细分市场目标客户,制定维护核心客户战略,把维护核心客户份额作为水泥营销的工作重点,丢失核心老客户应该给予重罚。笔者的观点是:有客户最终会有价格,没有水泥客户最终也没有水泥价格。需要强调的是,稳定的水泥市场格局是经营水泥细分市场的基础。

三、水泥营销分析和选择核心客户的工具方法

(一)水泥营销如何对核心客户进行分析选择

分享一个客户选择的分析工具——核心客户选择平衡计分卡(表2-2)。

表2-2 核心客户选择平衡计分卡

客户	客户吸引力得分	竞争力得分	综合得分
客户1	4.4	7.7	6.7
客户2	6.8	9.0	8.3
客户3	7.3	8.3	8.0
客户4	3.8	6.7	5.8
客户5	4.6	4.5	4.5
客户6	1.6	5.7	4.4
客户7	8.1	7.4	7.6
客户8	7.7	5.9	6.4
客户9	6.5	6.4	6.4

首先，收集区域水泥市场所有客户的相关资料。在完善客户资料之后，对每个水泥客户从客户吸引力和竞争力两个维度进行打分。客户吸引力得分指的是水泥客户对水泥工厂的吸引力得分（客户好不好），竞争力得分指的是水泥工厂在水泥客户面前的竞争力得分（工厂强不强）。

其次，客户吸引力得分可以进一步分为多个子维度，包括水泥客户月水泥需求量、资金实力、发展前景和行业口碑等。每个子维度都可以添加权重并打分，加权平均子维度的权重和得分就得到客户吸引力得分。

再次，和客户吸引力子维度分析方法类似，竞争力得分也可以分为多个子维度，包括水泥工厂自身的运费、竞争对手的运费，水泥客户与水泥企业的合作时间，水泥客户对水泥企业的支持程度等，每个子维度设置权重并打分，然后加权平均就得到了竞争力得分。

最后，把客户吸引力和竞争力两个维度的得分进行加权平均，就得到综合得分。综合得分高的是该水泥企业的核心水泥客户，综合得分低的是非核心水泥客户。

（二）核心客户和非核心客户销量跟踪分析

客户维护是动态的，需要进行跟踪，以下为分析跟踪工具（表2-3）。

表2-3 核心客户和非核心客户销量跟踪表

客户名称	客户分类	提货工厂	月均水泥用量（吨）	市场份额目标下限值（%）	市场份额目标上限值（%）	日均目标销量下限值（%）	日均目标销量上限值（%）	平均日销量（吨）	累计日均销量（吨）
客户1	非核心	工厂1	6000	20	30	38.7	58.1	48.4	48
客户2	非核心	工厂1	9000	10	17	29.0	49.4	39.2	88
客户3	非核心	工厂1	4000	41	51	52.9	65.8	59.4	147
客户4	核心	工厂1	18000	40	60	232.3	348.4	290.3	437
客户5	非核心	工厂1	11000	10	15	35.5	53.2	44.4	482
客户6	核心	工厂1	8000	25	33	64.5	85.2	74.8	556
客户7	核心	工厂1	19000	100	100	612.9	612.9	612.9	1169
客户8	非核心	工厂1	5000	100	100	161.3	161.3	161.3	1331
客户9	核心	工厂1	18000	20	25	116.1	145.2	130.6	1461

第一，对水泥客户进行拜访和调研，在月初输入每个水泥客户本月的预估水泥需求量。

第二，根据核心与非核心水泥客户的定义明确每个水泥客户的定位，同时设定该水泥客户市场份额目标的上限值和下限值，并计算出该水泥客户日均目标销量的上限值和下限值。

第三，每日计算该水泥客户实际日均销量并与目标日均销量的上限值和下限值相比较，如果实际日均销量远低于目标日均销量，则一定有目标客户份额的丢失，要及时发现问题，及时跟进，及时解决。

第四，累计所有水泥客户的日均销量计算得出全部水泥客户的累计日均销量，如果汇总后日均销量远低于目标日均总销量，则能够清晰和直观地发现哪些水泥客户出了问题。

通过以上内容，大家了解到实现水泥营销最优量价组合和水泥工厂最佳产销平衡有清晰理论和逻辑支撑，有实操框架和章法可循，也有很多分析方法和工具。简单用三句话来概括就是：优化自身的水泥细分市场份额（如何明确我的水泥客户），稳定水泥市场格局（如何保障水泥市场全局稳定），深耕核心客户和细分市场（如何建立水泥客户壁垒）。

附加内容：为什么中国水泥市场价格波动幅度较大，而国外水泥市场相对稳定

从水泥需求端看，中国水泥市场是一个大市场，而国外水泥市场是许多分散的小市场。中国水泥市场需求占全世界水泥市场总需求的一半以上，多年维持在20亿～24亿吨，且物流条件非常便利，有发达的公路和铁路，还有多条贯穿全国的大河和漫长的海岸线。这使中国水泥市场联动成一个整体，局部的水泥价格起落很快会波及全国。而世界其他国家的水泥市场大多都是分散独立的小市场，水泥市场需求人均1吨以下，不足中国人均水泥需求量的一半，不同国家水泥市场相对独立，水泥市场联动效应弱得多。

从水泥供给端看，中国水泥产能规模巨大且熟料产能窑型非常大，而国外水泥市场需求少且熟料产能窑型也较小。在中国5000吨/天以上的熟料窑线占市场的一半以上，还有很多1万吨/天以上的熟料窑线，这样不同水泥工厂之间的市场重叠度就会很高，水泥市场联动的效应强。而世界其他国家很少有5000吨/天以上的熟料窑线，基本以2500吨/天的小熟料窑线为主，销售半径较小，市场重叠度低。

从水泥企业经营战略看，许多以"量本利"为核心营销战略的中国水泥

拐点后中国水泥变革之路
——论水泥战略、营销、管理的基本原理

企业加剧了中国水泥市场价格的波动。中国水泥企业从一开始就有"量本利"和"价本利"水泥营销战略的思路分歧，但是中国水泥市场经历20年以上的持续增长，许多以"量本利"为核心水泥营销战略的水泥企业取得了巨大的成功，其产能规划和布局、企业内部管理模式、水泥营销策略等方面都是依据"量本利"水泥营销战略模式设计的，很难做出根本性调整。而世界其他国家的水泥工厂大多是发达国家的水泥企业建造的，它们都经历过水泥市场需求扩张期的价格战，因此水泥营销策略相对比较平稳和谨慎。另外，海外很多国家设立了水泥市场的进入门槛，尽量避免中国以"量本利"为营销战略的水泥企业进入。

思考题

（1）你所在区域水泥市场格局是否合理？如何能够稳定区域水泥市场格局？

（2）你所在区域水泥市场的均衡价格是多少？如何避免外来水泥入侵？

（3）你所在水泥工厂的核心客户有哪些？如何保障核心客户的市场份额以及提升其客户满意度？

第二节　水泥企业营销三级管理体系的差异与演变

管理一家水泥工厂的营销业务与管理几十上百家水泥工厂的营销业务相比，复杂程度呈数量级增长。水泥营销既要实现统一营销管理，又要满足个性化区域水泥客户的需求，还要稳定不同区域水泥市场的竞合格局。

一、水泥集团的营销管理需要面临多重挑战

水泥工厂通常建设在偏远地区，部分还在少数民族地区，因此水泥营销具有很强的本地化特点，不同区域的语言、风俗、习惯等都不相同，如果不了解这些特点，水泥营销活动就无法有效开展。

水泥集团有几十上百家水泥工厂，不同区域水泥市场的需求特点不同，区域竞争对手也不同，因此其水泥市场格局和水泥价格策略必然不同，这些区域水泥市场彼此间既有独立性又相互联动，所以既需要有针对每个小区域的水泥营销管理，又需要有对整个大区域的水泥营销管理。

水泥营销决策层需要掌握准确的水泥市场信息进行有效决策，但是获取准确的水泥市场信息是一件非常困难的事情，而且竞争对手往往还会故意制造一些虚假信息来迷惑市场。

水泥销售采取出厂价销售模式，而非到岸价销售模式，因此不同水泥销售渠道、不同水泥销售区域的水泥价格、水泥供销矛盾都会有一定差异。这造成在水泥营销中不同渠道、不同客户、不同小区域间的矛盾，还容易形成水泥违流问题。

水泥市场所覆盖的水泥客户群非常广泛，主要分为商品混凝土、重点工程、各类中小工程和民用客户。每一类水泥客户都有自身的需求特点和渠道特点，针对不同水泥渠道营销水泥需要具备不同的销售能力。不同的区域水泥市场片区，水泥营销经理擅长的销售渠道不同，容易出现"偏科"的现象。

因此要实现几十上百家水泥工厂水泥营销业务的整体最优非常困难。各水泥企业既需要根据自身优势明确企业整体战略定位，又需要与相关水泥区

域市场的需求环境和竞争环境特点相结合，既需要制定水泥营销的长期和短期营销策略（策略方向对），又需要制定一整套水泥营销管理体系来助力水泥营销策略的落地（落地能力强）。

二、水泥集团营销管理的框架和主脉络

从 2000 年至今，中国水泥企业营销积累了 20 多年宝贵的实践经验。从最初粗放的水泥定价——"窗口望一望"模式，逐渐发展到现在"层级化＋职能化＋制度化"的营销体系化管理模式。中国水泥头部企业通过彼此间的交流和借鉴，在水泥营销思路和战术方面越来越趋于一致，总结起来中国水泥营销管理框架和主脉络如图 2-3 所示。

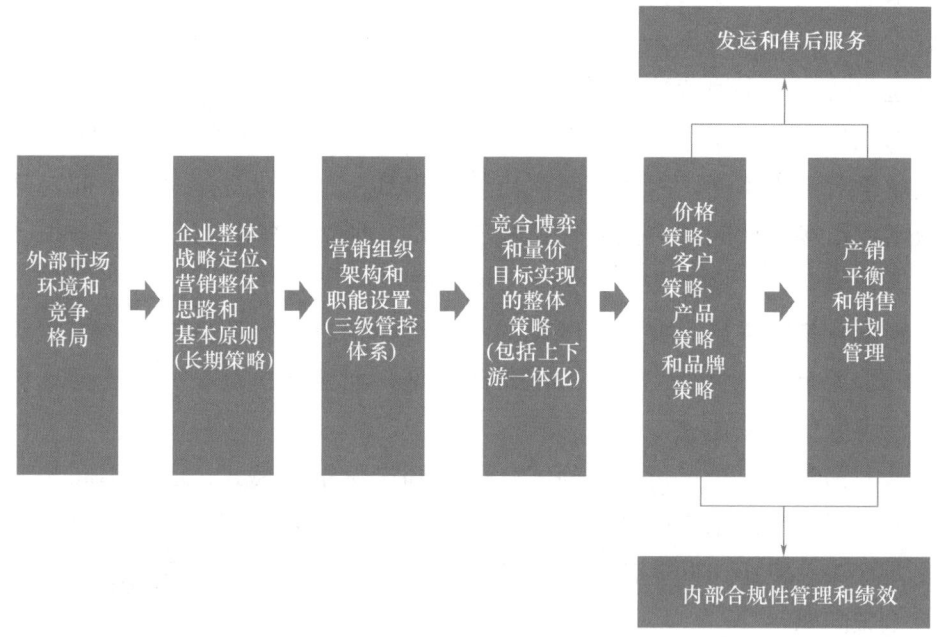

图 2-3　水泥营销管理框架和主脉络

第一，外部水泥市场环境和水泥竞争格局的分析，包括对目前水泥市场的现状分析、对未来水泥市场的趋势分析和对水泥竞争格局的博弈判断。

第二，根据对未来水泥市场趋势和水泥竞争格局的预判，确定中国水泥企业整体战略定位，以及营销整体思路和基本原则。

第三，中国水泥企业内部营销组织架构和职能设置普遍采用三级管控模式，但是因为各家水泥企业的整体营销战略不同，所以中国水泥企业三级管控的具体职能设置和管理思路有较大差异。

第四，中国水泥企业需要结合中短期业绩要求和外部市场环境分析，制定企业总销售量价目标和落地实施策略。企业总销售目标还要被层层分解为分区域目标甚至分片区目标（部分企业还包括一体化业务的销售目标和实施策略、海外业务的销售目标和实施策略）。

第五，中国水泥企业营销战略落地包括 4P（产品、价格、推广、渠道）方面的水泥价格策略、水泥客户和渠道策略、水泥产品策略、水泥品牌策略等，以及与水泥工厂协作方面的水泥产销平衡和计划管理等。

上述各项职能可以归总为水泥营销整体战略和基本管理制度设计、水泥营销专业管理、水泥营销运营业绩责任主体实现三个部分。同时，在中国水泥企业的营销管理体系中又分为总部、区域和片区三个层级，承担着裁判员、运动员和指导员的角色，三个层级既各自独立又需要实现良性互动以在整体上形成合力。

三、中国水泥企业营销三级管控模式

不同的中国水泥企业在总部、区域和片区三级具体的职能设置和专业分工方面有较大的区别，大体来说分为三种模式（图 2-4）。

模式一：以水泥企业总部营销团队为核心的管控模式。这种模式下，水泥企业营销总部制定比较明确和系统的水泥营销管理制度和政策框架，所有水泥营销区域和营销片区只能在总部制定的框架之下严格执行，区域和片区保留小幅调整的权力。如果水泥营销总部的制度和政策在执行过程中出现问题，区域和片区按照固定流程逐层反馈，然后由水泥总部营销专家收集反馈意见，综合考虑后进行政策调整，再下发至区域和片区落实，形成反馈闭环。这种模式的优点是执行效率高，适用于以"量本利"为总体水泥营销战略的水泥企业，其缺点是一套政策应对不同的水泥片区市场，灵活性较小，容易出现顾此失彼的情况。

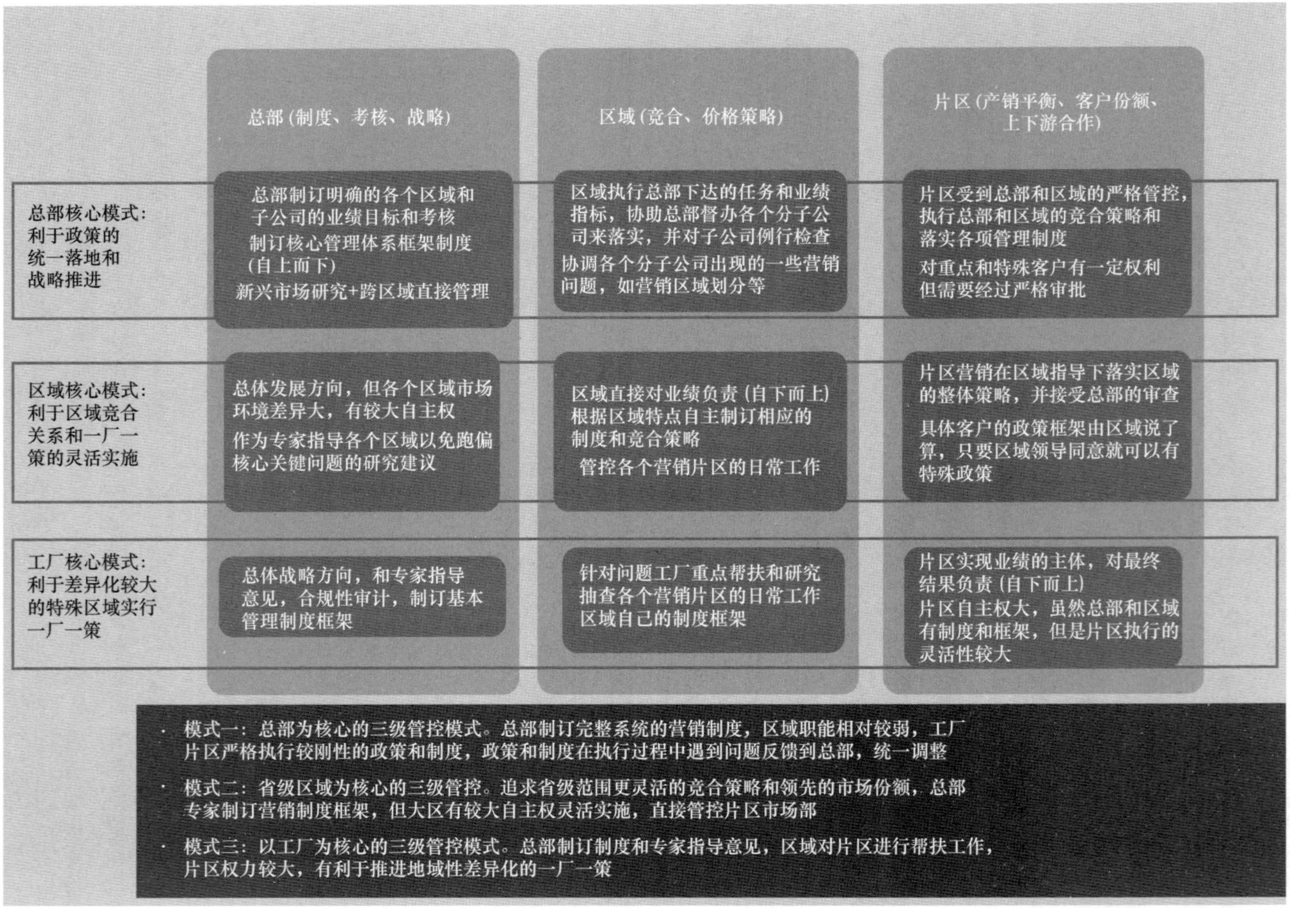

拐点后中国水泥变革之路
——论水泥战略、营销、管理的基本原理

	总部（制度、考核、战略）	区域（竞合、价格策略）	片区（产销平衡、客户份额、上下游合作）
	总部制订明确的各个区域和子公司的业绩目标体系框架和制订核心管理体系框架制度（自上而下）新兴市场研究+跨区域直接管理	区域执行总部下达的任务和业绩指标，协助总部督办各个分公司来落实，并对子公司出现的一些营销问题，协调各个分子公司行为等，如营销区域划分等	片区受到总部和区域的严格管控执行总部和区域的竞合策略和客户落实，对重点和特殊客户有一定权利但需要各项严格审批
	总体发展方向，但各个区域环境差异很大，有较大自主权，作为专家指导各个区域的研究和建议	区域直接对业绩负责（自下而上）根据片区将特点自主制订相应的管控各个营销片区的日常工作	片区营销在区域指导下落实区域的整体策略，并接受总部的审查具体客户的政策要由区域领导同意就可以有特殊政策
	总体战略方向，和专家指导意见，合规性审计，制订基本管理制度框架	针对问题工厂重点帮扶和研究抽查各个营销片区的日常工作区域自己的制度框架	片区实现业绩的主体，对最终结果负责（自下而上）片区自主权大，虽然总部和区域有制度和框架，但总部和区域执行片区执行片区政策较大灵活性

总部核心模式：利于政策的统一和落地和战略推进

区域核心模式：利于区域的关系和一厂一策的灵活实施

工厂核心模式：工厂差异化较大的特殊区域实行一厂一策

模式一：总部为核心的三级管控模式，总部制订核心营销制度。总部制订完整营销系统的政策和制度，政策和制度在执行过程中遇到问题反馈到总部，统一调整

模式二：省级执行权较强的三级管控，政策和制度追求过程中更加灵活，追求省级范围更加灵活，但大区有较大自主权灵活实施，直接管控片区市场先的市场的竞合政策和领到总部。专家论证组到位，对片区的差异化问题，区域职能相对较弱，总部直接管控片区市场

模式三：以工厂为核心的三级管控模式，总部制订制度和专家指导意见，区域对片区进行帮扶工作。片区权力较大，有利于推进地域差异化的一厂一策

图 2-4 水泥企业的营销三级管控模式

模式二：以水泥企业省级营销团队为核心的管控模式。这种模式下，水泥企业省级营销团队被充分授权，可以在营销总部的原则框架下，根据其所处的市场环境和年度任务目标自主制定落地政策；水泥营销总部只负责水泥营销管理框架的制定（非具体政策），并根据省级水泥营销团队实际执行结果进行纠偏和辅导支持。这种模式的优点在于每个水泥营销区域可以针对不同的水泥市场环境和竞争环境，直接掌控水泥省级区域市场竞合策略和管控片区，有利于水泥省级区域市场格局的稳定和水泥企业短期业绩的达成。这种模式更加适合水泥企业在多个省份布局许多水泥工厂，而且各水泥省级区域市场具有一定独立性，相互间关联性不强。其缺点在于水泥省级营销团队容易形成独立山头、各自为政，水泥营销总部和水泥营销区域容易形成权力的博弈。

模式三：以水泥企业工厂片区营销团队为核心的管控模式。这种模式包括两种具体情况：一个水泥营销大片区或者几个水泥营销小片区合并在一起。这种模式的优点是决策更加贴近水泥市场，充分尊重水泥营销的地域差异化特点，激发水泥营销的能动性，适合水泥企业上下游一体化营销优势的发挥，也经常被用于水泥企业海外市场的拓展，缺点是水泥营销片区容易失控且对水泥片区营销经理的能力要求较高。

补充模式：还有一种国际知名水泥企业在世界不同国家做水泥市场营销时采用的"1+1"（"市场总监+销售总监"）水泥营销管理模式。这种模式不是由水泥营销总部层到水泥营销区域层再到水泥营销工厂片区层的纵深管理，而是设置市场总监和销售总监，由市场总监横向管控销售总监。市场总监的职能相当于三级管控模式下的水泥企业营销总部，销售总监的职能相当于三级管控下的水泥营销区域层和营销片区层。这种模式的优点在于，不同国家水泥市场环境差异极大，不可能每个国家设置一个水泥营销总部，也不可能有一个水泥营销总部的专家了解所有国家的水泥市场。这样每个国家的市场总监就相当于一个微型水泥营销总部，而不同国家的市场总监联合起来就可以建立一个委员会，相互交流讨论并制定各自的制度和政策。

四、中国水泥企业营销三级管控模式与中国水泥市场发展三个时期的演变关系

中国水泥市场发展演变需要经历三个时期，包括中国水泥市场需求扩张

期、中国水泥市场需求高位震荡期、中国水泥市场需求萎缩期。这三个时期水泥营销的主要任务和工作重点不同，水泥营销管理体系的裁判员、运动员和指导员的设定方式也不同（图2-5）。

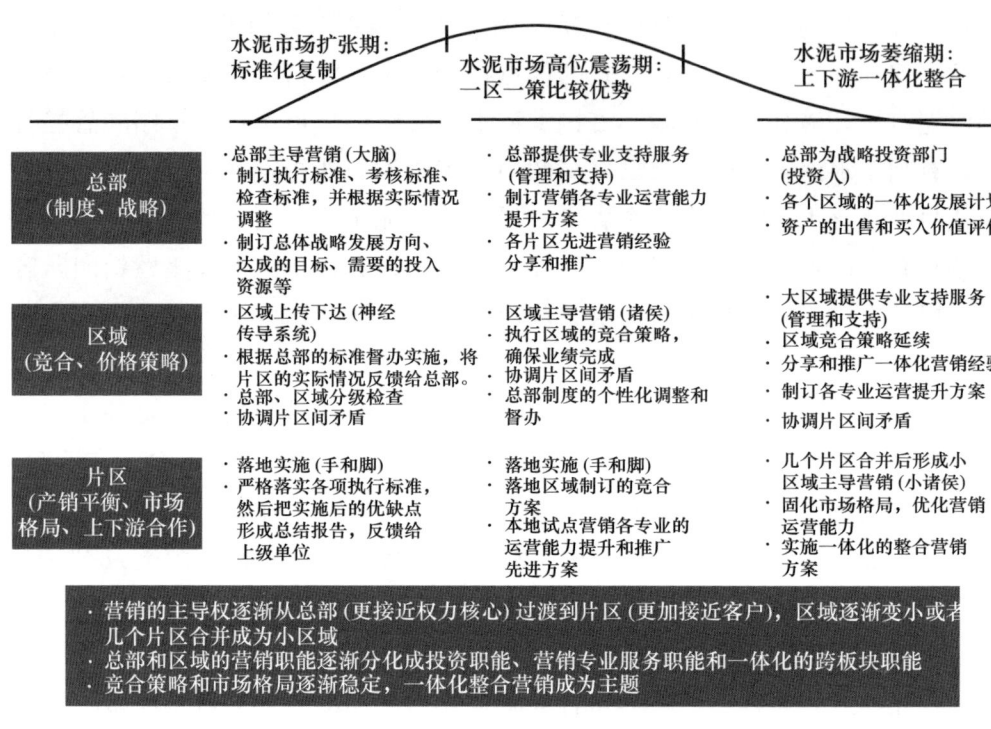

图2-5 水泥市场发展时期与三级管控模式的演变

在中国水泥市场需求扩张期，由于有大量的新增产能不断释放，水泥营销的主要任务是快速抢占市场份额和回收现金流。此时整个水泥营销管理体系的设定不能太复杂，需要简单高效。因为新建水泥产能需要匹配新建水泥营销团队，并且团队中有很多新人。同为新建水泥营销团队人员的能力参差不齐，所以要完成快速抢夺水泥客户和回收现金流的艰巨任务，最好的水泥营销战略就是"以老带新＋标准化营销管理"。水泥营销总部集中一批企业中的水泥营销精英，制定明确的制度规则、考核检查制度、标准化营销操作手册，起到教练员和裁判员的作用，而各家水泥工厂的一线营销团队主要负责落地实施，起到运动员的作用，而水泥营销区域更多是向下传递各种政策，向上反馈各种政策实际的实施结果。这种水泥营销管理体系被大多数"量本利"水泥营销战略下的水泥企业所采用。

在中国水泥市场需求高位震荡期，由于水泥企业实施错峰生产和水泥需求的淡旺季循环变化，水泥市场的竞合博弈更加复杂。水泥价格随着季节性波动，在水泥市场需求淡季水泥价格下跌而在水泥市场需求旺季水泥价格上涨。此阶段水泥营销的主要任务是水泥企业间的竞合博弈，且竞合博弈通常在省级水泥区域市场内开展。不同的省份有不同的水泥企业竞合博弈圈子，其竞争格局和采取的竞合手段有较大差异。为了实现水泥企业在省级区域内所有水泥工厂整体效益最大化，省内所有水泥营销片区会统一制定竞合策略，实现水泥营销片区间的合力联动，部分水泥营销片区采取攻势获取市场份额，其他水泥营销片区采取守势保住利润。因此，水泥营销总部需要下放大部分决策权到水泥省级营销团队，水泥营销区域取代水泥营销总部成为水泥营销的主导力量。此时水泥营销总部扮演提供专业支持和管理服务的指导员，水泥营销区域扮演承担业绩责任的裁判员，水泥营销片区扮演落实具体举措的运动员。在特殊情况下，少数水泥工厂位于不同省份区域之间形成水泥跨省销售，容易产生不同省级区域间的矛盾，需要总部出面调解。

在中国水泥市场需求萎缩期，由于水泥市场格局越来越固化，水泥营销的主要任务是深耕客户，提升客户满意度和品牌溢价，因此更加适合扁平化和贴近市场的水泥营销管理模式。在此指导原则之下把原有的水泥营销省级区域和片区进行整合，形成小于省级水泥营销区域且大于水泥营销片区的小区域，比如一个大水泥营销片区或者集合几个小水泥营销片区都可以形成小区域。这种小区域更有利于发挥上下游一体化营销策略的作用和经营水泥细分市场，而水泥营销总部和区域的职能除了提供水泥营销专业支持和水泥营销管理之外，还可以增加投资决策分析和新业务拓展职能。尤其需要注意把成熟水泥营销与新兴业务营销分开管理，新兴业务的试点工作不要放到一线水泥营销片区。水泥营销小区域负责成熟水泥业务并且负责水泥营销小区域的业绩，新兴业务需要更加有经验的专职营销团队来负责，并且由总部直接管理。另外，新兴业务面临很大的不确定性和初期的试错成本，需要特殊考核，在新业务试点成功之后，再放回到水泥营销小区域里进行落地推广。

五、中国水泥营销的三级管控模式后续演变所面临的挑战

当前中国水泥企业由于其自身条件和发展历程不同，在水泥营销战略思路、管理模式和职能设置上存在差异。不同水泥企业营销管理思路的差异，延伸到水泥市场终端，会造成不同水泥企业在水泥定价策略和水泥价格管控

方式上的差异。这种差异是造成水泥市场格局不稳和水泥价格波动的重要原因之一。

水泥企业的营销管理模式是随着中国水泥市场演变而不断发展演变的。不同中国水泥企业的营销管理模式，其发展演变方向是相同的，但是演变的过程有较大差异。在中国水泥市场需求扩张期越成功的中国水泥企业，其内部营销管理模式变革的阻力越大。不同中国水泥市场区域的营销管理模式变革速度也不一致。区域内水泥市场需求下降越快、水泥市场环境越恶劣，水泥企业营销管理模式变革越积极主动。

中国水泥头部企业营销三级管控职能的变革不是一朝一夕完成的，存在各种复杂的内部博弈。组织变革通常需要自上而下依靠高层强力推动才能实施，但执行效果是自下而上，需要一个过程慢慢体现。

中国水泥企业营销三级管控职能的变革主要面临三大挑战。

其一，从严控水泥价格转变为管控水泥市场格局。水泥价格层层审批是中国水泥市场需求扩张期水泥企业营销总部管控水泥营销区域和水泥营销片区的有效手段，其逻辑是水泥量价的跷跷板原理。但是到中国水泥市场需求萎缩期，水泥量价的跷跷板原理失效，只有稳定的水泥市场格局下才有稳定的水泥价格。所以需要水泥营销总部、水泥营销区域和水泥营销片区以稳定水泥市场格局为核心，重新划分各自的管理权限。

其二，水泥价格管控的主体逐渐下移。水泥营销区域和水泥营销片区逐渐合并为更加扁平化的组织结构，水泥价格管控主体需要与水泥业绩责任主体相一致。随着水泥企业业绩责任主体逐渐从总部下沉到区域甚至小区域，水泥价格管控主体也会逐渐下移。水泥营销小区域从执行者和被管控的角色，逐渐转变为有较大自主权的业绩主要承担方。

其三，水泥企业营销总部和区域的营销专业职能需要加强或新增投资分析决策等方面的职能。在中国水泥市场需求萎缩期，市场格局逐渐稳定，水泥营销任务主要是针对现有水泥客户，提升水泥营销运营效率和降低水泥交付成本，而不再是抢夺水泥市场份额。各种水泥营销专家的职能越来越重要，包括品牌打造、物流优化、发运效率提升、全球定位系统（Global Positioning System，GPS）流向管控、渠道管理、互联网营销等方面。另外，水泥产能兼并重组和上下游新业务延伸相关的投资决策成为水泥企业更加重要的运营重心，甚至关系到水泥企业的存亡。目前中国水泥企业在投资决策方面，仍依赖于中国水泥市场需求扩张期的决策逻辑和高层领导的个人经验判断，在投资分析和投资决策建议等专业能力方面还有较大欠缺。

六、水泥营销管理体系中的水泥营销职能管理

水泥营销专家的职能是中国水泥企业营销三级管控体系中重要的组成部分。设置水泥营销专家的初衷和目的是加强营销团队在某营销专业领域的能力，比如渠道管理、品牌管理等，但是在实际工作中面临很多挑战。

水泥营销专家针对各水泥营销片区开展辅导工作，经常面临"一管就'死'、一放就乱"的困境，此类问题具体表现在以下几个方面。

其一，水泥营销专家不是各个水泥营销片区的直线领导，没有强推执行的权力，各个水泥营销片区对其辅导工作往往不太重视。

其二，如果给予水泥营销专家较大行政权，又容易导致每个水泥营销职能片面各自为政，都设置大量工作流程上的要求，每个步骤看起来都很合理，但是集合在一起既没有重点又花费了大量时间，让更加重要的客户拜访时间被挤压。

其三，对于真正存在严重问题的水泥营销一线片区，水泥营销专家通常只给出指导意见由水泥营销片区来负责落实，而水泥营销片区往往经验不足、时间不够，导致一些水泥营销顽固问题始终得不到解决。

关于水泥营销职能管理问题的解决，笔者有以下三步骤改善建议。

其一，列出水泥营销片区所有需要完成的工作事项。把水泥营销片区所需要完成的各种工作罗列出来，包括水泥营销日常工作、水泥营销管理规定动作、各水泥营销职能部门制度下的工作、开拓水泥市场和维护水泥客户的工作、与水泥工厂的协调工作等。只有先把所有需要做的工作都罗列出来，才能进行有效的梳理和整合，否则每个水泥营销管理部门各自为政，都施加压力给水泥营销片区，就会演变成职能部门之间影响力的较量。

其二，根据水泥客户的价值创造和风险规避两条主线，对水泥营销片区所有工作进行梳理。从水泥市场信息收集到水泥客户订单完成再到收款和发货结束，哪些事情会对水泥客户产生价值，哪些事情的优先级和重要性更高，为规避风险哪些事情是必须做的……水泥营销片区必须优先做最重要的事情和必须做的事情。梳理完所有工作事项之后就会发现，有些重要的事情花了很多时间但是效果不好，因此需要专业辅导来提升能力；有些不重要的事情

花了很多时间做但价值不大，因此需要优化工作来提升效率。

其三，针对水泥营销片区存在的问题进行能力提升或者工作优化方面的辅导工作。各水泥营销职能部门需要在对水泥营销片区问题进行全面诊断的基础上，列出问题片区清单，有针对性地提供帮助和解决问题，必要时还需要专家团队派专人深入一线，组成专项小组和营销片区一起解决问题。

附加内容：水泥营销分渠道矩阵式组织架构的案例

水泥营销矩阵管理或者分渠道管理是水泥营销专业化管理的一种常见形式。水泥营销渠道主要包括商混渠道、民用渠道和重点工程渠道。水泥营销矩阵管理的优点是专业性较强，保障每个水泥营销片区的三个水泥营销渠道都能够得到充分的发展；其缺点在于专业分工增加了水泥营销团队的人员数量和领导数量，同时三个水泥营销渠道之间容易产生矛盾和分歧。

在具体案例中，水泥企业营销组织架构按照商混、民用、重点工程三个水泥营销渠道划分，每个区域事业部根据不同水泥营销渠道设定销售总监并由市场总监来统一协调，实施水泥营销分渠道矩阵式管理。这种模式类似于国际知名水泥企业的"市场总监＋销售总监"的模式，只是把销售总监分成不同渠道的渠道总监。

这个模式实施了一段时间以后，其优点和缺点凸显出来。此模式的优点是每个水泥营销片区三个水泥营销渠道的水泥客户都得到了较充分的发展，水泥营销片区的专业水平得到更加均衡的提升。比如，A水泥工厂的营销经理做民用渠道的能力比较强，因此民用渠道主核心市场做得非常好，但是商混渠道主核心市场的份额较低，分渠道以后主核心市场的商混渠道市场份额得到了提升。再如，B水泥工厂的营销经理做重点工程渠道的能力比较强，因此销量偏向于重点工程渠道和几个大经销商，但是民用渠道市场份额比较低，分渠道以后民用渠道主核心市场的份额和整体民用渠道的市场份额得到了提升。此模式的缺点是在水泥工厂分散式布局的情况下，三个水泥营销渠道各自为政，很难统一领导。

在上半年水泥市场淡季，虽然水泥整体销量不佳，但是每个水泥营销渠道都认为自己的绩效很好，形成出现问题无人负责的情况。民用渠道表示虽然其水泥销量下滑但是整体民用渠道市场份额在增加，水泥销量下滑的原因是下雨导致市场需求萎缩；商混渠道认为新增了几个商混站，商混渠道市场份额在增加；重点工程渠道表示虽然其水泥销量下滑，但是业务人员都很努力，水泥销量下滑的原因是重点工程项目都完工了。

最后得出结论，水泥营销分渠道管理模式比较适合水泥工厂集中的区域，水泥工厂集中区域可以建立以渠道经理为核心的水泥营销管理体系，但是水泥营销分渠道模式不适合水泥工厂分散的区域，水泥工厂分散区域可以成立水泥营销基层的分渠道组织，提升专业性和客户满意度，但是需要有对水泥工厂整体产销平衡和水泥销售业绩负责的营销经理，水泥营销经理需要把多个水泥渠道整合在一起统一管理。

思考题

（1）你所在水泥企业的整体营销管理体系采用的是哪种模式，此模式的优点和缺点是什么？未来是否有进一步发展演变的可能？

（2）你所在水泥企业的营销专家职能部门对一线营销片区是如何管理和提供支持的，有没有改进的建议？

第三节 水泥营销量化管理打造理性、开放、协作的营销自运营体系

水泥集团的营销团队管辖几十个甚至上百个水泥营销片区，分散在全国不同区域，其中部分偏远地区交通很不方便。这些水泥营销片区在市场环境、客户需求、竞争对手和物流环境等方面都有很大差异；这些水泥营销片区的产品、渠道、价格和促销策略都各有不同；这些水泥营销片区的地域文化、方言和风俗习惯都有区别；这些水泥营销团队的本地化程度和业务能力也都参差不齐。

水泥营销片区的日常工作非常繁杂，除了要解决水泥营销业绩问题，还要解决水泥营销业务规范操作和营销风险管控问题，需要提供准确的水泥市场动态变化信息，以帮助高层进行水泥营销决策，需要落实水泥营销总部和区域的各项行动举措，比如执行水泥营销总部要求的水泥营销管理项目和水泥品牌推广活动等。

那么，面对众多水泥营销片区差异化、分散、琐碎、执行能力不同的复杂情况，如何才能够既个性化和针对性地改善每一个水泥营销片区的运营效率，又能够让各个水泥营销片区形成合力，提升水泥营销片区的整体运营业绩？

一、提升水泥营销片区运营效率的常规方法

提升几十甚至上百个水泥营销片区执行力的常规思路有推和拉两种。

（一）推的思路

推的思路主要指水泥营销总部和区域对水泥营销片区实施有效管控，具体的管控方式又可以分为以下两种。

第一，法治主导模式，强调共性为主的水泥营销管控方式，依靠制度保障执行力。

在下属众多水泥营销片区强制实施统一和相对固化的水泥价格体系、水泥营销管理政策和强制轮岗政策等，并且需要水泥营销总部不断派人到各水

泥营销片区，现场调研核实水泥营销政策的实施情况，如有偏差处罚较重。在此管控方式下水泥营销总部和各水泥营销职能部门的权力较大，水泥营销片区经理的权力受到很大制约。此管控模式的优点是政策制度逻辑比较清晰，营销片区执行力强；缺点是很难满足不同水泥市场和客户的个性化需求，水泥市场反应不够灵活，容易出现"一管就'死'"的问题，而且"一刀切式"的水泥价格调整，容易导致整个水泥市场价格大幅下跌，甚至是引发价格战。

第二，人治主导模式，强调个性为主的水泥营销管控方式，依靠人保障执行力。

水泥营销管理制度相对宽松，水泥营销片区得到更多授权，实施一厂一策或者一区一策。此管控方式下水泥营销片区经理拥有较大的实际权力，其作用被最大限度地发挥，水泥营销总部和区域仅提供水泥营销专业指导和合规性检查的相关服务。水泥营销片区在弱管控的环境下，落实营销高层领导的战略方向变得困难，需要设立专门的督办机构，落实高层领导的行政指令和点对点的辅导指示。为了避免出现少数水泥营销片区不听指挥的情况，营销高层领导倾向于任用自己信任的人，将其安排到关键和重要的岗位担任骨干，并且把不听指挥的水泥营销片区经理调离岗位。此管控方式的优点是可以因地制宜，根据不同的水泥市场情况采用更加灵活个性化的策略；缺点是运动员和裁判员两个身份重叠，实际上都由高层领导控制，容易出现"一放就乱"的情况，甚至导致腐败行为发生。

（二）拉的思路

拉的思路主要是指 KPI 绩效考核模式，即通过绩效考核来提升水泥营销片区的执行力。

水泥营销绩效考核主要指标包括水泥销量、价格、应收账款等结果指标和其他单项关键绩效（Key Performance Indicator，KPI）过程指标。水泥营销量价款的目标与水泥企业利润目标直接相关，另外 KPI 过程指标主要体现营销高层领导的重点推进事项。

绩效管理中的金句是：你考核什么，员工就关注什么；门往哪边开，路往哪边走。

但是，仅依靠水泥量价款结果指标加上 KPI 过程指标，很难有效和全面地反映水泥营销片区的能力和执行力，很难评选出真正优秀的水泥营销片区。

首先，能否用水泥营销量价款完成率来评选优秀水泥营销片区呢？水泥营销量价款业绩完成率虽然非常重要，但并不能完全说明水泥营销片区的工作能力和成果。因为水泥营销片区的业绩更多与水泥市场环境相关，在水泥市场成熟的水泥营销片区营销工作相对容易，业绩也更加亮眼；而在水泥市场环境恶劣的水泥营销片区营销工作相对困难，业绩更容易不理想，因此更需要优秀的水泥营销片区经理来管控局面。

其次，能否用水泥营销业绩增长率来评选优秀水泥营销片区呢？水泥营销业绩增长率也不能全面说明水泥营销片区的工作能力和成果。水泥营销业绩增长快，只能说明原来营销片区市场做得不好，而原本就做得很好的水泥营销片区的增长空间已经不大。

此外，水泥营销 KPI 过程指标也存在很多问题：

第一，水泥营销 KPI 过程指标考核存在评分标准模糊且打分依靠领导主观判断的情况；

第二，KPI 过程指标非常复杂且缺乏考核者与被考核者的双向沟通，KPI 过程指标评分后，被考核者不清楚是指标具体意义和需要做什么改进；

第三，KPI 过程指标评分易造成被考核者做得多错得多的情况出现；

第四，被考核者之间 KPI 过程指标评分结果差异不大，KPI 过程指标评分最高的员工与 KPI 过程指标评分最低的员工的绩效工资就差几十元；

第五，对于相同的 KPI 过程指标，有些水泥营销片区能轻松完成，而有些水泥营销片区无论如何努力也完不成。

综合以上情况可以发现，目前提升水泥营销片区运营管控模式的常规方法都有各自的优势和短板。评判水泥营销片区的工作效果和水泥营销片区经理的个人能力，依然需要营销高层领导的主观经验判断，缺少一套基于客观数据的较全面的水泥营销业绩评估体系和评估标准。这个问题导致的最明显现象是：水泥企业的营销经理更加注重与企业领导和内部主要利益相关方搞关系，而把水泥营销的专业能力放到次要位置。在中国水泥市场萎缩期，水泥企业间竞争日益加剧，这种风气的流行伤害了水泥企业营销团队的内部能力。

二、量化管理是提升水泥营销运营效率的优化方案

量化管理并不是一个新管理理念，它在很多行业都有成功应用。随着水

泥企业对数据信息系统的大量投入，海量的系统数据为水泥营销量化管理提供了数据基础。

水泥营销量化管理建立在对水泥市场格局有深入分析和对各水泥细分市场重点营销工作有清晰了解的基础上，通过明确量化目标、目标达成策略、监控数据和考核数据构成一整套水泥营销管理体系。

水泥营销量化管理是为了更好地实现水泥企业的利润目标和水泥营销量价款目标，也是为了更好地实施相关水泥营销改进工作，更客观地实现水泥营销片区业绩评估和水泥营销人才能力评估。

具体来说，水泥营销量化管理体系能够实现以下 8 种功能：

第一，能够通过量化管理指标，实现营销总部和营销区域对营销片区的有效管理；

第二，清晰地描述水泥营销片区的市场格局现状和改进方向；

第三，清晰地描述水泥营销片区各项营销专业职能领域的情况，以及重点改进方向；

第四，清晰地描述水泥营销风险管控情况，以及重点改进方向；

第五，水泥营销片区之间能够进行对标和比较，促进相互学习和交流；

第六，让水泥营销片区自身及时发现问题并改进，激励表现好的水泥营销片区；

第七，在对水泥营销片区的指标进行监控的过程中，发现业绩优秀的营销片区和优秀的营销片区经理；

第八，水泥量化管理体系能够长期实施，实现自运营迭代升级。

压力是进步的动力，随着中国水泥市场的不断萎缩和中国水泥市场格局的不断固化，水泥营销工作重点必然从大起大落的水泥企业市场竞合阶段，过渡到水泥市场精耕细作阶段。此阶段水泥营销的主要任务是稳定水泥市场竞合格局，对现有水泥客户实施差异化服务，逐步优化水泥交付成本。水泥营销量化管理会成为赢得水泥营销竞争优势的重要举措之一。

三、水泥营销量化管理的三个层次

水泥营销量化管理主要解决复杂市场环境下的执行力问题，即如何把事情做对的问题，同时量化管理还可以对水泥市场格局策略和各水泥细分市场策略从执行层面进行反向验证和纠偏。

水泥营销量化管理是一个被证明过和可以执行的项目，其数字化和可视化解决方案，把以往定性很模糊的水泥营销策略目标和实施过程，一目了然地展示给各级相关领导。

水泥营销量化管理的主要作用包括以下几个方面。

第一，水泥企业营销总部和区域可以更加直观和清晰地了解每一个营销片区的现状和问题；水泥企业营销片区也可以借助各个量化指标实现问题自查和自我改进。

第二，多维度全方位地描述水泥企业的市场格局现状、营销重点事项进展、营销风险防控问题、营销绩效结果等。

第三，在此基础上营销总部、区域和片区可以讨论出统一的策略和评估标准，而且相关数据都是公开透明和可追溯的，通过数据可以证明和验证营销策略的有效性，降低营销各级领导的博弈。

有效落地水泥营销量化管理体系，需要重点落地三个层面的事项。

第一，建立水泥营销量化管理数据体系。水泥营销量化管理数据体系包括水泥销售的量价款内部数据、水泥市场的外部数据、水泥营销检查数据等。任何数据都需要存档、确认和审核，这样才能成为水泥营销量化管理体系的基础。

第二，建立水泥营销量化管理流程，从数据中建立量化目标，寻找问题，持续优化。数据只是工具而不是目的。在建立目标和寻找问题的过程中，水泥营销片区和水泥营销总部、区域的营销专家团队就具体的策略执行细节进行反复的讨论和确认，并且对发现的问题和改进方案进行跟踪和监控。只有真正得到改善的数据指标才能体现其价值，只有大量局部问题被改善，才能推动水泥营销业绩的改善，并最终验证水泥营销策略的正确性。

第三，最终建立水泥营销自运营管理体系。水泥营销团队在不断建立量化目标、改进量化目标、考核量化目标的过程中，逐渐养成新的工作习惯，把一个不断需要领导推动的组织，变成一个拥有自驱力和自我发展进化能力的组织，建立新的水泥营销行动文化。

四、建立水泥营销量化管理数据体系

首先要建立完整的水泥营销指标矩阵体系，明确每个水泥营销指标对应的具体水泥营销事项，然后针对每个营销事项建立相关的指标定义和数量来源，以及数据合理目标范围。这是一件非常花工夫但是很有价值的事情。

（一）水泥营销考核的量化指标

水泥营销考核的量化指标不仅包括水泥销量、水泥价格和水泥应收账款三个一级指标，还包括支持这些一级指标和水泥营销合规性要求的水泥营销二级指标矩阵。每个营销片区需要了解其水泥市场基本格局指标、水泥营销职能重点改进方向指标、各类水泥营销合规性要求指标。所有被要求做的事情都要量化和指标化，这样才能做得清楚、明白。

所有水泥营销二级指标和三级指标可以分为两类。

第一类是正向的结果指标，一般指水泥营销改进方向和水泥营销业绩方面，比如主核心市场份额占比、核心客户份额等，通过更加细分的二级和三级指标来保障水泥一级量价款指标的完成。

第二类是负向指标，即必须遵守的过程指标，一般指水泥营销的各种合规性要求指标，比如水泥合同规范性要求、水泥发出商品规范性要求等，这部分要求指标的目的是规避水泥营销风险。各种检查情况数据必须留底。

因此营销的二级指标真正实现了过程管理和结果管理的融合，让过程管理结果化，让结果管理细节化。

（二）水泥营销量化指标设定的三大要求

水泥营销量化指标必须满足三大要求，如图2-6所示。量化指标的设定必须针对性解决水泥营销事项的长期性、价值性和可传承性问题。具体地说，首先量化指标必须是客观可量化和可衡量的，就像尺子，无论是谁看，尺子对应刻度都是恒定的和客观的。其次，量化指标必须具有价值而且是长期价值，因为短期价值是波动的，设定量化指标的目的是在此方向上长期投入资源以获取长期回报。再次，量化指标必须对相关水泥市场营销结果有正相关价值作用，也就是说，量化指标越好说明事情做得越好。最后，量化指标不是固定不变的，经过实践检验能够体现长期价值，并能够推动水泥营销业绩增长的量化指标被保留下来，不合适的量化指标被淘汰，同时随着水泥市场发展和水泥营销战略的发展，也需要新增一些指标。

量化指标三大要求
（量化指标是量化了的指标，不是指标的简单量化）

=  +  +

量化基准（标准）：
量化指标必须要有客观可量化的基准设定，即定义1或者100%的含义
- 基准需要具有客观性
- 基准设定需要和业务相关方讨论并达成一致
- 解决沟通和可传承性问题

目标的长期性：
量化指标必须能够衡量长期目标的作用，而不是针对短期目标而设定
- 因为短期目标会随时间而变化，所以短期目标不适合作为量化指标的衡量基准
- 解决长期性问题

目标的价值性：
量化指标必须与价值评估保持一致
- 量化指标完成得好，意味着创造的价值高否则量化指标将失去指引的作用，或者出现投入大而产出小的情况
- 解决价值性问题

- 量化指标帮助我们寻找到长期有高价值的目标持续投入
- 量化指标帮助我们知道自己目前的现状和未来的方向
- 量化指标帮助利益相关方明晰各自的现状和目标认知一致性

图 2-6　水泥营销量化指标设定的三大要求

（三）水泥营销量化指标设定必须与营销片区达成一致意见

例如，经过内部讨论，在水泥营销市场格局方面选择了主核心市场份额占比、低价产品占比、袋装产品占比和专营乡镇占比四个量化指标。然后与每一个水泥营销片区的营销经理详细讨论和确认这些水泥营销量化指标的指标定义说明、指标初始值和后续指标改进目标，并由双方签字确认。在这些讨论和确认过程中双方不但整理清楚了每个水泥营销量化指标背后的现实逻辑，而且把每个水泥营销量化指标改进计划的相关行动方案都确定了下来。

另外，还有一些不容易量化的指标，比如对于专营乡镇占比这一指标，因为仅有水泥客户的销售数据，没有水泥市场需求的准确数据，而且不同水泥客户覆盖的乡镇又存在交叉情况。针对这种情况我们可以采用取指标近似值的方法，即参考每个乡镇的人口数据预估水泥市场需求值，再切分不同客户的销量占比，最后得到专营乡镇占比的近似值模型。这些通过取近似值推导出的水泥营销量化指标，可能与实际数据存在偏差，但这并不重要，因为这些近似值可以把一些相对抽象的水泥营销策略转换为量化和可视化的指标，有利于相关水泥营销项目的进展监控和快速推进。

在没有水泥营销的二级指标之前，对于一些方向性的指导意见，比如某水泥营销片区需要注意提升其主核心市场份额、提升袋装产品销量、提升专营市场数量等，不同的人的理解会有很大的偏差，而最终水泥营销片区的执行情况就会变得很难评估。通过水泥营销量化指标的相关表述，比如水泥主核心市场份额从35%提升到45%，以及这个目标背后的实施逻辑和行动方案的相关讨论，能够帮助水泥营销片区和水泥营销总部、区域在水泥营销关键策略方面达成一致，并在关键策略实施过程中更好地形成合力，促进最终目标达成。

少数水泥营销项目的量化指标是需要不断调整的，比如在水泥营销流向管控方面制定了GPS偏差率指标，但是应用一段时间后发现这个指标并不能代表水泥营销流向管理的改进，而且指标达成率非常高，就可以对此量化指标进行调整。

（四）水泥营销量化指标的获取和留存必须公开透明

所有水泥营销量化指标的数据获取公式设定、量化目标确认和量化数据获取都需要经过公开透明的工作流程，所有步骤数据需要留底并经主要负责人签字确认，全程做到负责、客观和可追溯。

在实际项目实施过程中，完整的营销指标体系的建立需要三个月的时间，并且我们又花了三个月左右的时间进行调整和迭代，才慢慢成形。水泥营销量化管理所提供的数据素材，是评估水泥营销片区绩效和水泥营销人才能力的客观依据，同时对研究各水泥市场策略的实施效果做了数据和量化的论证。

五、建立水泥营销量化管理流程

水泥营销量化指标体系建立后，如果仅对量化指标进行简单考核，那么产生的改善效果并不大。量化指标就像一面镜子，真正能实现营销业绩改善的是人。必须让量化指标与实际的具体营销工作产生互动，由量化指标来推动人的行为的改变，并形成改进的正循环，如此就能逐步产生水泥营销业绩改善的推动力。

水泥营销量化管理体系的初始任务，包括指标选择、初始目标值设定、考核目标值设定等部分内容，开始只能凭经验设定，无法做到与实际工作匹配，需要不断试错、调整和改进。水泥营销量化指标的改进依据包括以下几点：指标与事实一致；指标是关键价值指标；目标设定值合理；结果体现差异化；若是异常结果，则需要有改进建议；结果需要进行公示，展示给所有相关领导，做到公开透明。

水泥营销量化管理体系的运营过程中会出现各种情况，量化指标的波动幅度有时候会很大。某些量化指标的变化真正反映了市场的变化，需要特别关注，并且迅速采取行动；某些量化指标的变化是指标设定问题，需要调整指标的设定；某些量化指标的变化反映的是不同营销片区的差异性，需要更深入地研究问题根源和改善的可能性。因此，量化数据的差异管理不是简单的点对点管理，而是从系统结构上进行管理，先挖掘差异背后的动因，然后从更深层次去认知问题和解决问题。

水泥营销量化管理体系是在不断循环运转的过程中，逐步推动水泥营销业绩改善的，同时不断地对管理体系自身进行优化和改进。水泥营销业绩的改进和水泥营销量化管理体系的改进，都需要水泥营销高层领导和水泥营销片区，对量化指标所反映出的问题达成一致。营销片区出现问题和困难要摆在明处，展示给所有相关领导，双方不仅是考核与被考核的关系，还是共损共荣的合作关系，应共同努力寻找改善方法。

通过具体的工作流程，把水泥营销量化管理体系模式固定下来，在量化指标的目标值与实际值之间的差距中持续优化改进，形成水泥营销量化管理循环（图2-7）。

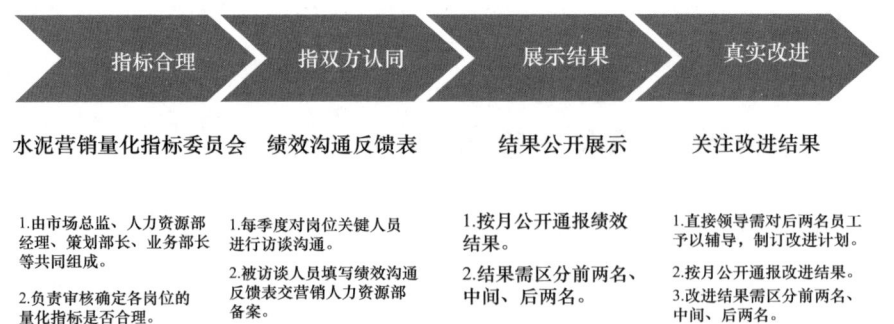

图2-7 水泥营销量化考核基本管理循环

成立水泥营销量化指标委员会，由该委员会对水泥营销片区所有相关的量化指标进行讨论和定义，建立完整的考核规则和量化指标体系。

在水泥营销量化指标体系建立之后，水泥营销区域领导和水泥营销片区一起反复讨论和确认所有量化指标的初始值、合理区间和目标值，最终在双方认同的基础上签字确认，形成绩效合同。

为了监控量化指标的实际进展，水泥营销片区需要定期向相关领导公开展示结果，并且通过展示结果找到量化指标完成较好的营销片区和完成较差的营销片区，通过量化指标找到每个营销片区的问题并且跟踪和帮助其改进才是目标。

在得到结果之后每月召开水泥营销量化指标分析改进例会，对所有水泥营销片区的情况进行快速的问题梳理，针对问题指标进行沟通讨论或者给予支持，明确改进行动计划和具体改进目标，及时发现问题解决问题。

对于水泥营销量化指标分析改进会解决不了的问题，可以交给水泥企业营销总部和区域相关营销专家进行深入的研究和分析并提出解决方案，或者有针对性地派出水泥企业营销总部和区域的营销专家进行现场支持与营销片区一起解决问题。

这一过程包括建立合理指标→双方沟通认同→结果公开展示→真实改进回顾，形成正向循环推动营销工作的良性发展，而考核只是加速其进程的推动力。

六、建立水泥营销自运营管理体系

（一）水泥营销量化管理体系落地需要一个磨合期

水泥营销量化管理体系可以作为水泥营销管理项目在各水泥营销片区逐步推行。项目开始阶段工作量比较大，是对各水泥营销片区的全面体检，让各个水泥营销片区的问题全面和量化地暴露出来，然后根据实际情况确定改进方向和具体执行方案。水泥营销量化管理体系的落地需要一个磨合期，水泥营销量化指标设定和目标值设定经常在项目实施的第二季度进行较大幅度的修改（图2-8）。

（二）水泥营销量化管理体系逐渐成熟

通常情况下，水泥营销量化管理体系的作用需要在项目实施一段时间以后才能逐渐显现出来，对水泥营销业绩的提升需要一个过程。其中，水泥营

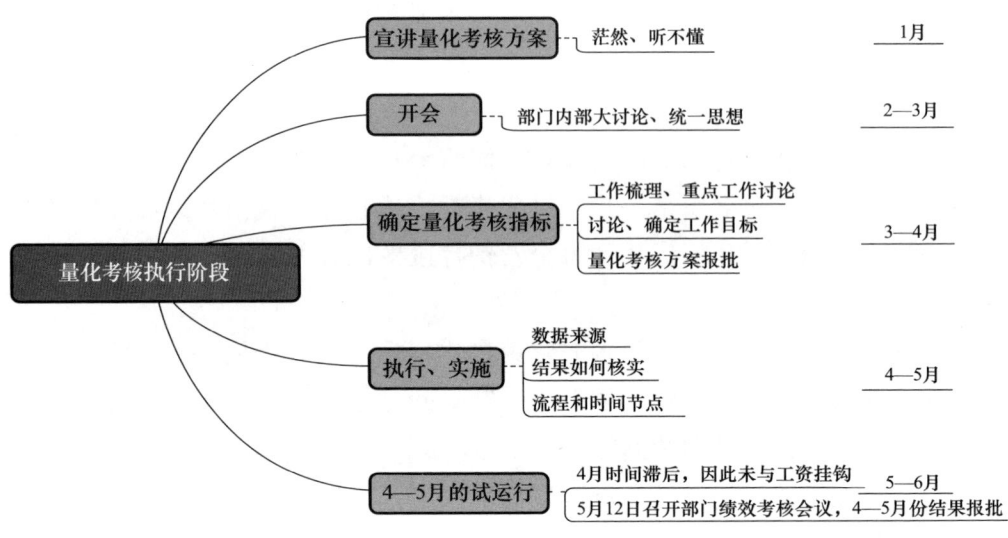

图2-8　水泥营销量化考核执行阶段

销合规性指标是改进最快和最明显的（表2-4），这部分指标由水泥营销内部人员控制，不受外部水泥市场环境影响。水泥市场竞争格局和一些水泥营销专项指标的改善需要更长时间（表2-5），比如某水泥企业推进的水泥平板车渠道销量提升事项，大约在项目开始半年之后才开始显现效果。因为在项目实施半年以后，水泥营销量化指标的公开化，促进了各水泥营销片区相互间的学习和交流，出现了各水泥营销片区自发补短板的情况。水泥营销绩效结果指标非常重要，需要定期公示（表2-6）。让各水泥营销片区清晰了解自己的绩效总得分和各细项得分情况，哪些部分表现优秀被加分，哪些部分表现较差被扣分，哪些营销片区的哪些人员表现好被表扬，哪些营销片区的哪些人员表现不好被警示，全部都非常清晰、一目了然。

表2-4　水泥营销内部合规性管理看板（模板）

排序	检查类别	标准分	营销片区一	营销片区二	营销片区三	营销片区四	营销片区五	营销片区六	营销片区七
1	防控工作落实	50	50	50	50	50	40	20	50
2	市场信息及策划	130	150	150	140	140	120	120	125
3	渠道管理	60	60	60	60	60	60	60	60
4	价格管理	180	180	180	140	180	160	180	120

续表

排序	检查类别	标准分	营销片区一	营销片区二	营销片区三	营销片区四	营销片区五	营销片区六	营销片区七
5	合同及发出商品管理	170	140	130	170	120	170	130	170
6	信控及日常管理	70	40	40	40	30	60	40	70
7	电商管理	70	70	70	70	70	70	70	70
8	重点项目管理	170	170	161		165	162.8		141
9	团队管理	70	70	70	70	70	70	70	70
10	培训与发展	30	30	30	30	30	30	30	30
	合计	1000	960	941	770	915	942.8	720	906
	标准分	1000	970	970	800	970	1000	780	1000
	综合评分（100分制）	100	98.97	97.01	96.25	94.33	94.28	92.31	90.60

表2-5 水泥营销外部市场关键指标看板（模板）

片区	红粉乡镇达标率（%）		主核心市场份额占比（%）		袋装水泥占比（%）		低价产品占比（%）		销售计划偏差率（%）				板车水泥销量		
	12月目标	达标率	12月目标	占比	12月目标	占比	12月目标	占比	销量计划偏差率		价格计划偏差率		12月目标	销量	铺点数
									目标	实际	目标	实际			
营销片区一	28	19	85	78	38	27	20	38	±5	16	±5	12	5000	354	3
营销片区二	47	45	63	53	48	49	38	15	±5	2	±5	19	22000	13554	29
营销片区三	61	54	69	76	56	42	32	44	±5	7	±5	7	10000	6682	57
营销片区四	32	20	70	55	52	52	40	25	±5	−14	±5	19	10000	0	2
营销片区五	36	51	78	54	50	42	20	35	±5	34	±5	0	40000	41008	85
营销片区六	81	72	81	75	54	42	32	48	±5	69	±5	−3	5000	3798	8
合计	47	41	77	65	50	42	31	34	±5	13	±5	11	92000	65396	184

注：标灰底部分为达标项。

拐点后中国水泥变革之路
——论水泥战略、营销、管理的基本原理

表 2-6　营销绩效结果指标看板（模板）

单位	业绩情况						考核情况												培训情况							
	EB(万元)		销量(万吨)		价格(元/吨)		月考核工资核发系数(100%+N)					劳动竞赛发放	劳动竞赛组织	月考勤天数<外勤365打卡天数	片区其他PI考核	评优与末位		9月末位回顾	10月末位沟通	片区内训实施	课程开发				
	达成	计划	达成	计划	达成	计划	EB系数	销量系数	策划二级指标系数	管理指标系数	小计(N)					片总	业务人员				片总/部长年授课课时(小时)	工具方法分享	前10名课程	课件初稿	课程评审
片区一	9429	11246	91.12	96.00	341	368	-10%	0%	个人系数	个人系数	个人系数	√	√	/	√					/	12/人		张三	6(3良)	√
片区二	1556	2359	18.34	19.00	349	382	-10%	0%	1.3%	3.0%	-5.7%	√	√	/	√	⚠张三		√	√	30	14			9	×
片区三	2579	2336	16.22	17.00	348	366	10%	0%	2.3%	4.0%	16.3%	超发	√	/	√		👍李四	√	√	30	14.5		李四	10(3良)	√
片区四	1163	1550	16.12	15.00	327	350	0%	2%	3.1%	4.0%	9.1%	超发(晚)	√	/	√			√(晚)	√	13	张三			7	√
片区五	1568	2550	16.93	20.00	333	364	-10%	1.0%	1.0%	4.0%	-5.0%	√	√	/	√	⚠张三	👍张三	√(晚)	√	30	12			6	×
片区六	1408	900	16.55	16.00	349	380	√	2%	1.4%	4.0%	17.4%	√	√	/	√	👍李四	👍张三	√	√	30	5.5		李四	11(5良)	√
片区七	641	780	6.95	9.00	340	358	-10%	0%	2.0%	3.1%	-4.9%	超发	√	/	√		👍李四	√	√	30	13.5		李四	10(4良)	√
片区八	1556	2359	0.56	0.80	355	355	-10%	0%	/	4.0%	-6.0%	√	√	/	√			/	√	30	15.5		张三	3	×

所有水泥营销量化指标结果，每个月被定期发送给所有事业部和总部相关领导。这样让每个营销片区的优点和缺点清楚地暴露出来，促进问题改进和营销片区相互间的学习交流。另外，水泥营销片区量化指标公示，让长期存在的疑难问题得到各水泥营销专家的高度重视，推动这些疑难问题成立专项，以"啃骨头"的精神解决问题。高层领导和相关部门领导对水泥营销的情况能够清楚了解，任何领导有任何疑问时都有据可查，避免了信息不对称导致的大量问题。

在水泥营销量化管理项目实施约1年后，水泥营销片区都逐渐进入了良性运转体系，甚至是自运营管理体系。

（三）水泥营销量化管理最终形成自运营管理体系

水泥营销量化管理体系是一个让裁判员、教练员和运动员定位更清晰、分工更合理、合作更顺畅的管理体系。水泥营销量化指标委员会扮演裁判员，需要建立量化指标和明确的考核规则和评判标准，解决做什么的问题；水泥营销片区扮演实际执行者和运动员，通过水泥营销实践达成量化指标的目标结果，并且在结果异常时及时思考和开展改进行动，同时水泥营销量化指标的合理性也需要根据执行情况进行定期回顾和追踪，通过实践来证明或者证伪，将有效的量化指标保留并进一步优化，将无效的量化指标逐渐淘汰；水泥营销专家扮演教练员，可以根据实际情况针对共性问题和难点问题提供针

对性的支持（图2-9）。

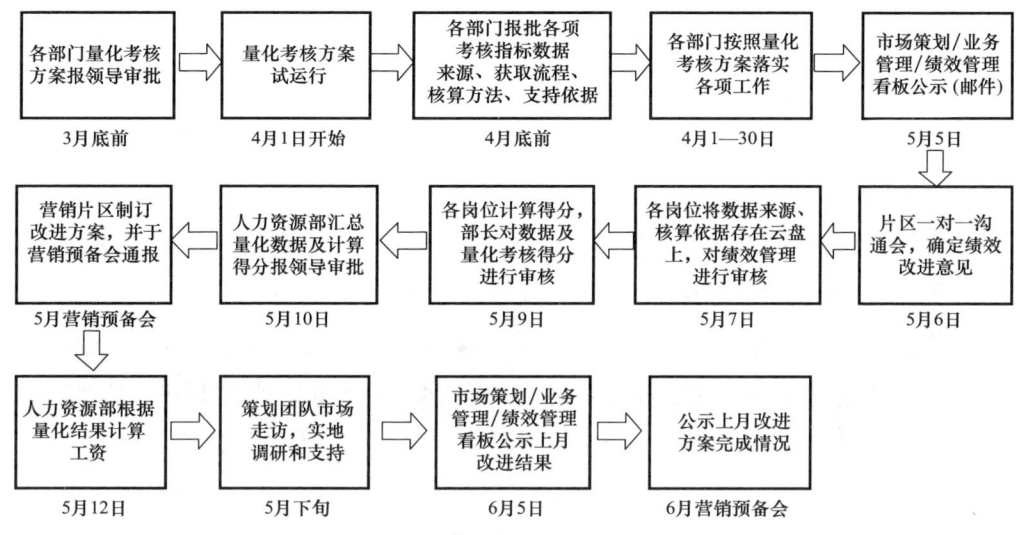

图2-9 水泥营销量化考核实施流程

注：1. 数据来源：OA系统里可查询的数据由业务管理部提供；OA系统里无法查询的数据由员工根据实际情况进行填写，直接报上级审核。

2. 量化考核周期：考核周期为季度或半年度的，月底暂按100%完成，在季度或半年度考核周期内进行回算。

3. 量化考核计算得分：在量化考核试运行期间（4—6月），按照80分保底/120分封顶核算。

水泥营销量化管理对营销团队文化的影响是巨大的。事事等领导指示的行为少了，自己主动想问题找办法的行为多了，就事论事的讨论多了，互相推诿的事情少了，水泥营销职能层面的工作效率明显得到提升，各水泥营销片区的市场成熟度和业绩水平显著提升。

七、水泥营销量化管理对稳定水泥市场格局的重要作用

稳定的水泥市场格局是水泥价格稳定的基础，但是实现水泥市场格局稳定没有很好的落地解决方案，其主要原因包括以下几点。

稳定的水泥市场格局通常都是水泥企业营销高层的思维，营销高层希望通过稳定市场格局拉高水泥价格，但是一线营销业务人员更加关注保住现有的客户，并且通过更有吸引力的水泥价格来维护现有客户。这就造成营销高

层和一线营销人员在水泥价格方面的博弈。

部分"量本利"营销战略下的水泥企业的水泥价格调整决策是根据熟料库存情况，即根据水泥总体销量确定水泥价格，如果熟料库位太高，那么就降价。但当水泥市场需求整体下降时，所有相关水泥企业的销量都会下降，此时采取降价增加水泥销量的营销策略，必然要抢夺其他水泥企业的存量客户。因此以量定价的模式本身就会对市场格局造成破坏。

部分"价本利"营销战略下的水泥企业的水泥价格调整决策是根据竞争对手的降价信息，即及时跟进竞争对手水泥价格的涨跌，但是水泥市场价格信息往往是滞后的，还充斥着很多虚假价格信息，真假难辨。如果对水泥市场降价信息过分敏感，那么容易因市场误判而导致大面积水泥降价；如果对水泥市场降价信息过分谨慎，那么容易因水泥价格调整太慢而丢失客户。

"量本利"营销战略下的以量定价的模式总能够达到提升水泥销量的效果，客观上助长了以量定价模式在水泥市场的生存基础。如果所有水泥企业都能够稳定现有市场格局，快速准确地反馈水泥市场价格变化，那么即使有少数采用"量本利"营销战略的水泥企业采取以量定价的模式，其价格下调也无法取得销量增加的效果，经过几次市场博弈，也必然会逐渐抑制其降价的冲动。

水泥营销量化管理是策划、监控和维护水泥市场格局的最佳方案。水泥营销量化管理是自下而上的管理逻辑，从更深层次跟踪市场格局的变化。通过水泥市场格局的量化模型，任意区域市场份额的下降都可以快速通过内部数据反映出来，再辅助水泥市场价格信息的反馈就可以从两个维度互相验证市场格局的变化。这样从根本上改变了原有水泥价格管理模式，建立了稳定水泥市场格局和水泥市场价格的管理政策基础。总而言之，稳定的水泥市场格局是稳定的水泥价格的基础，没有稳定的水泥市场格局就不会有稳定的水泥价格。

附件案例：水泥营销量化管理的应用案例

案例一：水泥价格经理调整审核水泥价格的依据框架

有些水泥企业在营销管理组织体系中设置了水泥价格经理岗位，负责审核各水泥营销片区水泥价格调整申请的合理性和合规性。这是一个非常重要的岗位,对稳定水泥市场格局有很大作用。但是一直以来水泥价格经理在审批水泥营销片区的水泥价格调整申请时,没有一套成熟的框架和方法论,大多是根据市场信息合规性审核,以及本人主观经验对水泥市场的判断。最终会形成两种极端局面,要么水泥价格经理的审核,逐渐演变为水泥营销片区水泥价格调整申请的合规性审核,要么水泥价格经理的审核有很强的主观性,与各水泥营销片区的实际情况存在差距。

因此,水泥营销量化管理体系建立后,成为水泥价格经理非常重要的水泥价格调整审核依据。每个水泥营销片区必须建立各自水泥市场竞争格局的指标模型,以及这些核心指标的合理值范围,在此基础上明确水泥市场格局的量化底线,突破这些量化底线的必须进行价格调整。这样就把"稳定水泥市场格局"的定性要求,转换成量化可以描述的指标和可以准确执行的措施,而且这些量化指标可以帮助水泥营销片区、水泥价格经理和企业高层领导之间达成高度统一,对水泥营销片区市场格局的优化、监控和稳定起到重要的作用。

案例二:水泥营销考核的加分项

总结以往的水泥营销实践,一主多辅的水泥营销考核模式值得推荐。该考核模式具有较好的弹性和灵活性,多层次和多维度的水泥营销奖励确保了激励的持续性。该考核模式既避免在水泥市场环境不好时业绩大幅下降,导致水泥营销团队绩效工资大幅下滑,后续工作没有积极性的情况,又避免在水泥市场环境好时业绩大幅上升,导致水泥营销团队绩效工资大幅提升,对后续工作不再重视的情况。具体来说,以营销基本岗位工资为主(岗位工资主要对标年度量价款指标),另外增加了多种奖励,包括月度奖励、季度奖励和年度奖励等,并且每一种奖励都设置了上限封顶指标(图2-10)。

水泥营销量化指标展示了水泥营销量价款一级指标之下细化的水泥营销过程,各种绩效激励方案结合水泥营销量化指标结果,使对水泥营销片区的激励更加精准。比如,直接把水泥营销二级量化指标结果作为基本岗位工资绩效的加权叠加项进行考核(表2-7)。

- 以业绩为导向，以EB和销量的综合贡献率为依据核发工资
- 奖罚分明，通过奖励鼓励提升量价，通过处罚保证公司各项制度落地
- 将业绩压力推前，延续半年度/第三季度/第四季度清算的EB目标4∶3∶3(3∶4∶3)的比例
- 尊重营销片区实际情况，给予营销片区一定比例的灵活激励
- 通过专项活动奖励推动营销创新、业务大检查等营销重点工作的开展

月度考核	月度奖罚	阶段清算	活动评比
·保量提价 ·销量、销价、应收账款三维度考核 ·在保障销量考核占绝对比例的前提下，对营销片区总岗位进行价格考核	·奖优罚劣、透明公开 ·通过劳动竞赛进行奖励 ·通过PI进行扣罚	·让EB说话 ·半年度、第三季度、第四季度三次清算 ·根据EB完成情况分三档清算 ·靠销售收入完成率提升营销片区清算核发比例	·创新与合规并进 ·对总部评比获奖/优秀的单位予以奖励(创新、业务大检查等) ·总部业务大检查高风险扣罚2万元 ·积极鼓励各职能模块制订阶段性激励方案

图 2-10 水泥营销考核方案总体思路

表 2-7 水泥营销二级指标与一级量价款指标的叠加

单位指标		单位核发系数	备注
EB作业计划	完成	0%或+5%或+10%	对标财务下达的月作业计划EB，100%≤完成率<105%，系数采用0%；105%≤完成率<115%，系数采用+5%；完成率≥115%，系数采用+10%
	未完成	-5%或-10%	对标财务下达的月作业计划EB，完成率<85%，系数采用-10%；85%≤完成率<100%，系数采用-5%
销量作业计划	完成	+2%	对标财务下达的月作业计划销量，完成+2%
策划二级指标	完成	+4%	由事业部、市场策划部负责每月公示结果
管理指标	完成	+4%	由事业部、业务管理部负责每月公示结果

思考题

（1）你所在水泥营销片区市场格局的主要量化指标是什么？该如何设定目标值？

（2）你所在水泥营销片区细分市场的主要优化指标是什么？该如何设定目标值？

（3）如何利用水泥营销量化指标提升水泥营销片区的运营效率？

第四节 中国水泥行业头部企业的营销创新和格局演变

目前，随着中国水泥市场逐渐萎缩和市场集中度不断提高，中国水泥市场格局已经基本形成，其主要特点是：两大全国性水泥行业龙头——中国建材、海螺水泥，四大横跨多省的水泥区域龙头——冀东水泥、华润水泥、华新水泥、红狮水泥（红狮水泥为水泥头部企业中唯一一家民营非上市公司），许多占据一方的地方龙头（图2-11）。

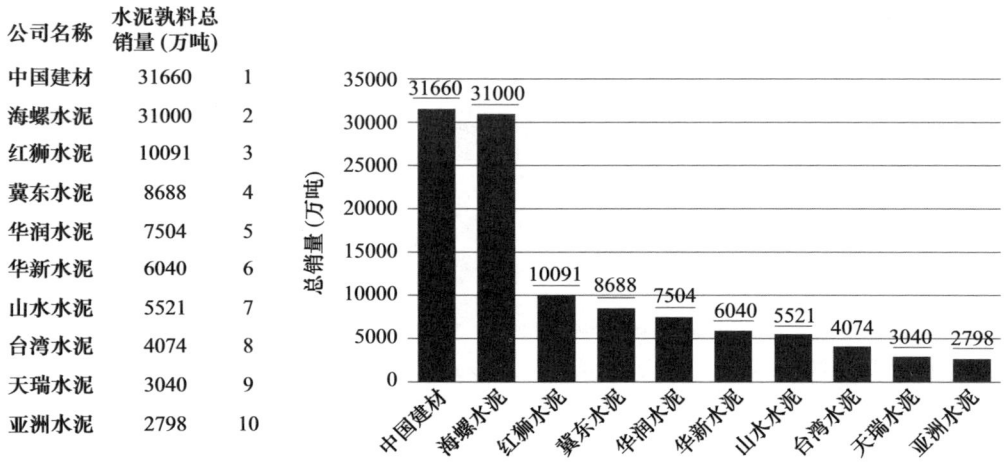

图 2-11　2022 年中国水泥熟料总销量前十强

中国水泥行业数量较少的头部企业在市场竞争博弈中占据着明显的比较优势，大量规模较小且分散的长尾型水泥企业的生存环境越来越恶劣。

其一，水泥行业本质上是一个资源行业。中国大型水泥企业，无论在资金实力还是在获取政策支持等方面都具有先天优势，更容易获取优质矿山资源。

其二，水泥行业是一个受国家宏观政策影响非常大的行业。中国大型水泥企业对中国未来政策的预判能力和对中国水泥行业未来政策的影响力，相比中国中小型水泥企业具有绝对优势，其中优势最明显的是中国建材和海螺水泥。

其三，在现有水泥产能布局、技术创新能力、成本控制能力、组织管理能力和财务融资能力等一系列企业硬实力和软实力方面,中国小型水泥企业无法与大型水泥企业相比。

其四,在水泥市场价格话语权、市场份额、营销战略战术等市场营销能力方面,中国大型水泥企业是中国水泥行业的标杆和领导者。

所以中国水泥行业存在强者恒强的马太效应,最终的市场"玩家"必然是中国水泥行业的头部企业。中国水泥行业中的大多数中小水泥企业会被收购或者以其他方式退出市场,只有少部分符合国家发展要求和真正实现差异化的中小水泥企业才能保留下来(表2-8)。

表2-8 不同规模中国水泥企业的竞争优势分析

市场定位	资源能力	产能	生产成本	营销能力	市场价格	挑战和短板
行业龙头	全国范围内优质矿山,提前布局上下游资源	产能大,全国布局,多超低排放	不断优化,越来越低	成熟的营销体系,专业化管理	全国价格话语权	产能大,全国市场价格下滑时损失大
区域龙头	区域性优质矿山资源	产能集中于某一两个省份	较低	有简单的营销体系	局部省份价格话语权	区域性市场价格下行风险
长尾企业	某些局部地区的优质资源	产能相对较小,布点分散	生产成本高于龙头企业	较粗放的营销管理	价格跟随者	淘汰落后产能,易受大型企业的针对性打击

注:从长期来看,中国水泥行业强者恒强,行业龙头能够针对国家产业政策提前布局,占据绝对的资源先发优势。
长尾企业由于自身的劣势,大部分将退出市场,只有小部分符合国家发展要求和真正实现差异化的水泥企业才能保留下来。

一、中国水泥头部企业的营销管理实践和创新

中国水泥市场需求萎缩造成水泥销量大幅下降和水泥价格大幅波动,中国水泥企业的产销模式从以产定销变为以销定产。中国水泥头部企业为了更好地应对中国水泥市场的新挑战和新问题,依据各自战略方向、历史经验和所在区域市场的特点,不断尝试营销探索和创新,很多宝贵的经验值得全行

业学习和借鉴（表2-9）。

表2-9 中国水泥头部企业的营销管理体系

	海螺水泥	华润水泥	冀东水泥	红狮水泥	华新水泥
价格终审权	价格终审权属于区域价格委员会，营销总部价格备案，有价格监察，但营销总部能直接指挥工厂销售处	大区终审，报控股备案，特殊情况低于成本价等需要控股审批	营销中心价格终审，每个营销片区的指导价都由营销中心定，分公司有很小的权限	营销总部市场部价格终审，严格的价格体系管控，营销总部可以直接管控工厂销售科	营销区域负责终审，基准价超过一定范围需要营销总部审批
特殊价格审核	完全依照政策执行，政策无领导签字下级可以不执行	分为区域价、片区价，特殊价格，由大区主要负责	严格的审批流程，区域价审批经由营销中心和区域子公司讨论	完全依照价格体系执行，极少数特殊价格严格审批	基准价一定范围内，区域决定特殊客户价格
客户管理方式	有复杂而系统的规章制度，客户管理按照政策执行，对特殊客户的政策需要层层审批和严格管控，包括流向管控	学习雪花啤酒的客户细分市场管理方法和品牌提升方法，对客户既有结果考核又有过程考核，帮助经销商成长	分渠道管理，民用、工程、商混，优先直销等	乡镇总代理需要线上招投标，并经过评审委员会审核，针对招标客户看业绩结果考核，不合格的淘汰	采用人盯人战术，业务员深入一线跑市场，帮助和引导客户开发；一厂一策，不同客户可以区别对待
产销平衡	以水泥工厂为核心，少部分营销区域实行统销	除了少数偏远水泥工厂，广东、广西采取统销方式，销售副总监对接某一水泥工厂	独立的销售公司，基地和销售公司签订合同	以水泥工厂为核心，少部分营销区域实行统销，归属营销区域直管	以产业园为核心，沿江的少数营销区域采取统销
营销人员考核	销售处长以下注重过程指标考核，销售处长以上考核业绩，且考核比重与所在水泥工厂业绩相关	分层级绩效考核，大区以下主要是业绩合同+部分过程指标	基层考核销量，子公司领导以上考核价格和业绩，少部分过程考核	工厂销售科销售考核销量，工厂总经理考核价格和业绩，总部增加业绩考核权重	不同区域各自有不同的考核办法

（一）海螺水泥

海螺水泥营销成功逻辑是品牌和低成本优势。海螺水泥的成本优势不但体现在原材料采购成本、维修成本、生产消耗成本、生产人员成本等方面，还体现在物流成本、营销成本、管理成本等方面的极致压缩，真正实现了从原材料到终端客户所有环节的全水泥交付成本优化，形成水泥营销市场的绝对竞争力。

海螺水泥有一套完整的水泥营销制度体系，总部所属的不同职能板块制定相关制度规则，所有水泥营销相关的教训都沉淀在制度中。营销总部制定规则，营销片区必须严格执行到位并接受严格检查。除了强大的执行力支撑之外，还有较完善的问题反馈机制。海螺水泥每个营销片区每季度都需要完成营销实施成果及问题反馈报告，所有营销执行层面的问题都会汇总到总部营销专家手里，然后由这些营销专家综合分析问题原因并提出解决方案，形成完整的闭环迭代。

海螺水泥总部在水泥营销三级管控体系中一直比较强势，近些年水泥市场处于竞合博弈阶段，海螺水泥营销总部逐步放权给营销区域，但依然有监察权；海螺水泥工厂采取总经理产销一体负责制，总经理拥有较大权力；海螺水泥营销区域的权力也在加强，其核心水泥价格管控机构是区域水泥价格管理委员会，由海螺水泥区域核心水泥工厂执行总经理和其他核心区域领导组成。

海螺采用开放式的渠道模式，对所有客户一视同仁，客户开户没有过多限制，真正做到了公正、公平、公开。

因此，很多水泥行业的同仁评价过去海螺水泥营销模式是水泥行业学习和效仿的典范。

（二）华润水泥

华润水泥属于典型的学习型组织。华润水泥在华南地区的西江复制了海螺水泥在长江流域的T形发展战略，同时学习了华润雪花啤酒（中国）有限公司（以下简称雪花啤酒）的渠道管理和品牌管理方式，并在营销组织架构上突出渠道管理和品牌管理的重要性，采取了营销区域和营销职能并重的矩阵式管理模式。华润水泥由营销总部和区域的专家针对不同细分市场进行渠道管理和客户管理的深入研究，然后把研究成果推广到所有营销片区。华润水泥在品牌方面整合所有旗下水泥品牌，并按照消费市场品牌推广模式做华润水泥品牌推广，从而获得更高的客户忠诚度和品牌溢价。

华润水泥营销三级管控模式中水泥营销区域的权力比较大，水泥营销总部更多是发挥营销专家职能和建立制度框架。华润水泥因为华南区域水泥工厂比较集中，水泥营销片区受营销区域管控的力度较大，产销平衡主要由水泥营销区域来负责。

华润水泥是开展商混业务较早的水泥企业，有丰富的水泥业务与商混业务相互配合的经验，并在广西某区域试点了水泥、商混和骨料一体化运营的模式。

华润水泥对经销商的保护，提高了客户的忠诚度，使华润水泥的客户黏性很高，市场份额和市场格局都非常稳固。

（三）冀东水泥

冀东水泥是水泥头部企业中唯一完全实现产销分离的水泥企业。冀东水泥在集团公司旗下成立了独立的水泥销售公司（也许是因为冀东水泥所处的东北区域和华北区域水泥市场产能过剩率最高）。水泥销售公司与其他冀东水泥旗下的水泥工厂签订独家水泥销售合同，并且承担总公司主要的业绩任务。水泥产销完全分离的优势在于：各家水泥工厂的成本和盈利水平不一样，各个时期不同水泥工厂的库存水平也不一样，水泥销售公司根据整体利润最大化的原则安排统一的水泥销售，较少考虑单家水泥工厂的效益，另外当本地市场受到外来水泥冲击的时候，可以借助个别水泥工厂下属营销片区来抵御。

冀东水泥营销三级管控体系实行的是总公司和子公司的模式，子公司在产能集中的地区每个省有2~3家子公司，边远地区每个省有一家子公司，子公司下设置小市场部。子公司是营销运营主体，这种模式本质上是扁平化营销，营销运营主体更加贴近终端客户。

（四）红狮水泥

红狮水泥一直是水泥行业严格贯彻"量本利"营销战略的企业。过去其营销考核以销量为主，近些年逐渐增加了价格和利润的考核比重。和海螺水泥的营销模式不同，红狮水泥营销以经销商模式为主，对经销商采取的是竞标模式,中标经销商为了获得更好的优惠价格,需要缴纳一定的产品预付押金,这部分押金成为红狮水泥重要的资金回笼渠道。红狮水泥经销商的渠道利润一般高于其他水泥企业的经销商,红狮水泥经销商既需要在水泥工厂端缴纳预付产品的押金,又需要在水泥客户端有应收账款,所以对经销商的资金实力要求较高。

红狮水泥营销三级管控体系中,过去水泥工厂权力较大,现在营销总部加强了对工厂的管控,营销区域的权力较小。

红狮水泥采取严格的制度化管理和水泥价格管理体系,并且强调营销审计,其主要原因是红狮水泥的营销区域分散,覆盖范围大,容易产生水泥营销违规现象。

(五)华新水泥

华新水泥采取产业园模式(包括骨料业务、水泥业务、商混业务)。华新水泥建材产业园设置通常是规模较大的水泥工厂下属的水泥、骨料、商混等业务整合在一起,或者相邻几个规模较小的水泥工厂下属的水泥、骨料、商混等业务整合在一起。另外,在营销方面,华新水泥也把多产品的营销团队整合在一起,采用一体化营销竞合博弈模式,其优点是既降低了营销人员成本,又通过多产品业务线实现了整体利润的相对稳定。比如,很多营销区域水泥价格降低导致利润大幅下降,但是商混业务和骨料业务的利润上升了,从而降低了单一产品价格波动对建材产业园整体业绩造成的风险。

华新水泥营销三级管控模式中,产业园营销组织设置是核心的业绩实现环节,产业园营销组织相当于原先比较大的水泥营销片区或者几个小营销片区的组合,营销总部负责主要管理职能和设计制度框架职能,营销区域负责在营销总部与各产业园之间进行上传下达的协调工作。

总体来说,海螺水泥和红狮水泥采取的框架式管理思路,营销总部制订明确的考核规则,弱化营销区域职能,营销总部有权直接管控营销片区;华润水泥和冀东水泥采取框架制度和一区一策的方式,营销总部立法叠加区域动态管理;华新水泥采取的是更加放权的一园一策方式,推动一体化销售模式创新。

二、中国水泥企业营销的十大创新趋势

总结中国水泥头部企业的营销创新经验,并结合水泥市场演变的普遍规

律,可以得到中国水泥企业营销的十大创新趋势(表2-10)。

表2-10 水泥企业营销的十大创新趋势

趋势	创新趋势	战略扩张阶段	竞合搏奕阶段	差异化竞争阶段
趋势一	从围绕产能到围绕客户(企业竞争核心)	市场扩张期,产能份额和产能发挥率是关键	市场逐步成熟,优势的市场份额和理想的价格是关键	市场萎缩,如何深挖现有客户需求获取更大利润是关键
趋势二	从产销一体到产销分离(产销分离)	产销一体,以水泥工厂为核心,有利于产能的发挥	根据产能布局,既有统销又有地销	逐步实现产销分离,专业化管理
趋势三	从单一产品到多产品一体化(一体化)	市场格局乱,存在低价竞争,很难推进一体化	一体化优势逐步体现,需要内部统一管理来实现	通过一体化竞合,稳定市场格局,稳定整体业绩
趋势四	从销量优先到价格优先(营销工作重点)	销量为主,不担心价格。依托产品成本和质量优势,营销效率优先,快速有效占领市场	量价平衡,有效竞合。通过复杂的营销手段,巩固核心市场,拓展远端调剂市场	稳定市场格局,维护均衡市场价格。通过品牌打造和降低水泥交付成本提升利润
趋势五	从整体框架管理到细分市场管理(营销管理体系)	多层结构,整齐划一,所有客户统一政策	矩阵式结构,既有统一管理,又强调部分专业线管理	扁平结构,不同细分市场不同渠道的差异化管理方式
趋势六	从总部管控到小区域管理(总部管控和权限范围)	追求效率,营销总部制定框架,营销区域和营销片区执行	每个营销区域存在差异化的环境,并且竞合关系以营销区域为主	精细化管理,更多需要一线人员因地制宜,因客户制宜
趋势七	从价格手段到4P综合手段(营销手段)	产品同质化程度高,降低价格成为夺取市场份额的主要手段	竞品之间价格涨跌联动,价格涨跌对销量增减影响越来越小	价格总体平稳在高位,获取客户更多靠产品、渠道和品牌差异化实现

续表

趋势	创新趋势	战略扩张阶段	竞合搏奕阶段	差异化竞争阶段
趋势八	营销品牌投入从低到高（品牌投入）	以成本优势和价格优势来获取市场，人员投入和品牌投入较低	更多的品牌投入和人员投入能够建立更高的品牌溢价和更深入的管控渠道	精细化的品牌和渠道管理，必然提高投入金额，但是也能带来更高的回报
趋势九	市场价格从大起大落到逐步平稳（市场价格趋势）	新增产能造成价格大幅下跌，然后逐渐恢复	淡季跌价，旺季涨价	价格基本平稳，价格战基本可以避免
趋势十	市场竞合关系从混乱格局到清晰格局（竞合关系）	市场格局较乱，以竞争为主	逐步避免恶性竞争，市场格局逐步形成	市场格局较稳定

趋势一，从围绕水泥产能扩张到围绕水泥客户创造价值（整体战略方面）。

趋势二，从水泥产销一体到水泥产销分离（营销管理方面）。

趋势三，从单一水泥营销到上下游一体化营销（整体战略方面）。

趋势四，从水泥销量优先到水泥价格优先（整体战略方面）。

趋势五，从水泥客户统一管理到水泥细分市场差异化客户管理（营销战术方面）。

趋势六，从水泥企业营销总部严格管控逐步到小区域管控（营销管理方面）。

趋势七，从以水泥价格手段为主到以水泥营销4P综合手段为主（营销战术方面）。

趋势八，从"水泥营销人员精简＋销售费用节省"到"水泥专业化营销＋提高品牌投入费用"（营销战术方面）。

趋势九，从水泥市场价格大起大落到逐步平稳（整体战略方面）。

趋势十，从混乱的水泥市场和客户格局到逐步稳定的水泥市场格局（整体战略方面）。

这些水泥营销的发展趋势无法在短时间全部实现，需要有一个逐步发展演化的过程。虽然现在中国水泥行业头部企业在水泥营销战略和战术层面的认知和实践有一定差异,但是水泥企业逐渐发现,自身的营销创新需要继续深化,其他水泥企业的营销创新也需要快速学习。

三、未来中国水泥市场竞争格局的变化

在经历了中国水泥市场拐点后,中国水泥企业的水泥销量持续下跌,水泥价格难有起色,水泥企业业绩大幅下滑,很多人对于水泥行业的未来感到迷茫。那么如何推演中国水泥市场未来发展趋势呢?中国水泥企业之间的竞争格局会发生哪些变化?

在中国水泥市场扩张期,因为水泥市场具有刚性需求、同质化程度高、运输半径小的特点,中国水泥企业间博弈的重点是水泥市场份额,博弈的主要形式是水泥价格的短兵相接。在这种传统模式下,产能大、生产成本低和产能布局分散的水泥企业具有更大的竞争优势。

在中国水泥市场萎缩期,中国水泥企业的竞争模式和比较优势都会有较大改变,会变得更加复杂和多元化。

中国水泥企业间的成本差距会大幅度拉近。因为在市场需求大幅度萎缩的环境下,所有中国水泥企业都必须要长时间错峰停窑,停窑后水泥综合成本大幅提高,之前的成本优势不再明显。

中国水泥企业的产能布局优势会发生较大改变,分散式布局水泥产能的水泥企业,其区位优势大大降低。中国水泥市场需求逐渐向东部经济发达地区和省会城市集中,而大部分中西部地区和偏远非核心城市区域的水泥市场需求下降更快,只有真正靠近核心大城市(混凝土的运输半径短)并实现上下游一体化的水泥产能,才具有明显的区位优势。因为上下游一体化(包括骨料业务、水泥业务、商混业务)的竞争模式下,终端的商混客户被锁定,只有混凝土价格的波动才会影响水泥企业最终的利润,而水泥价格的波动对利润的影响大大降低。

中国水泥企业水泥业务板块的竞争关键,不再是市场份额而是降本增效。因为中国水泥头部企业间的综合实力差距不大,存量市场份额在竞合过程中逐渐被固化,水泥业务的销售收入会越来越稳定,哪家中国水泥企业降本增效做得更好,其水泥业务板块的业绩就会更好。

在水泥业务之外拓展有协同效应的新业务成为中国水泥企业提升业绩的必由之路。新业务板块包括骨料、混凝土业务的一体化发展,这是被国

际建材企业实践和证明过的发展路径（表2-11）。另外，水泥企业还可以将业务延伸到水泥制品领域开展跨界竞争。例如，做防水业务的北京东方雨虹防水技术股份有限公司（以下简称东方雨虹）年销售收入只有300多亿元，但是其2023年初的股票市值在800万元以上，而水泥行业年销售收入同样有300多亿元的华新水泥，其股票市值不到东方雨虹的40%。很多做瓷砖胶、防水业务的企业的生产工艺与水泥和熟料生产工艺相比要简单得多，行业门槛不高，且市场规模很大，竞争对手比起其他水泥头部企业要弱得多。

表2-11 水泥、骨料、混凝土产业链一体化博弈演变分析

上下游行业	行业和市场特点	当前格局和竞合博弈	未来博弈演变
骨料	·强资源型行业 ·国家对资源管控力度越来越大，资源获取成本越来越高，资金要求高 ·市场范围80～100千米，需求主要来自大型省会城市 ·技术门槛不高	·市场比较分散，私人的小矿权占据多数 ·价格起伏受需求和国家环保政策影响 ·经济发达区域周边的资源矿价款提升到高位 ·需求集中在经济发达地区	·因资金门槛越来越高，资金实力雄厚的大型企业逐步淘汰小型企业。部分水泥企业和非水泥企业都在进入 ·伴随资源单价逐步提高，骨料价格逐步提升 ·政府会逐渐加强资源管控，部分区域会有政府参股经营
水泥	·资源型行业 ·国家强力管控新增产能，现有产能逐渐成为资源 ·市场范围100～150千米，需求城市（主导）+农村 ·技术门槛要求高	·市场格局逐步稳定，国家政策推动市场落后产能淘汰，各省形成区域寡头企业掌控区域市场格局 ·需求逐步下滑，并向省会大城市集中，西北部区域需求下滑更大，供需不平衡加剧	·长尾企业逐步退出市场，头部企业逐步完成产能置换项目 ·头部企业间合作会加强 ·越来越多的企业会参与下游混凝土市场来控制终端和渠道

续表

上下游行业	行业和市场特点	当前格局和竞合博弈	未来博弈演变
混凝土	·加工服务型行业 ·国家环保管控下，商混产能逐渐也有资源属性 ·市场范围20～30千米，大城市为主 ·技术门槛要求不高，但是质量风险大，对运输和服务要求高	·政策管控下，商混牌照和商混用地成为稀缺资源 ·由于上游资金紧张，应收账款压力越来越大 ·下游建筑公司商混逐步做大，上游水泥骨料企业的商混有更强竞争力	·下游建筑公司商混和上游水泥和骨料企业的商混与少数实力雄厚的民间商混逐步占领市场 ·下游建筑公司商混会和独立水泥企业和骨料企业合作对抗骨料、水泥、商混一体化企业 ·一体化战略实施后，会减少水泥价格的大幅波动

注：1. 一体化企业将处于优势地位，原因：①资源的稳定，客户渠道的掌控力，只要掌控终端商混市场的价格，可以大幅度弱化对水泥和骨料市场的价格敏感性；②稳定的市场格局更有利于一体化企业发挥优势；③一体化企业能够优化全流程成本和质量为客户提供更好的价值。

2. 因商混市场半径短，一体化竞合与单一水泥业务差别大，孤点分散产能布局以小博大的优势将被大大削弱，甚至成为劣势。

在中国水泥制品市场取得竞争优势不是依靠生产方面的能力而是依靠营销方面的能力。先从营销端发力再推进生产，是中国水泥企业延伸业务到水泥制品领域的最佳发展路径。要想获得营销方面的突破，笔者认为必须通过产业互联网平台协同销售的路径来推进。这方面的失败教训很多，比如一些中国水泥企业依然沿用水泥行业传统的业务发展模式，先生产再通过传统水泥渠道销售，虽然生产出来的产品质量很好，但是品牌弱，卖不出去，实际效果不理想。

有人说：过去的成就会成为成长的负担。有些中国水泥企业依赖的中国水泥市场扩张期的成功经验，包括水泥产能分散式布局和水泥市场"量本利"营销战略，在中国水泥市场萎缩期将不再适用，如果不能及时做出战略调整，将会遇到很大的经营困境。

附加内容：如何更好地应用国际水泥行业的发展经验

水泥行业在国外已经发展了100多年，有其内在的行业发展规律，而中国水泥市场有其特殊性，与其他国家的水泥市场都不同，如何能够既很好地利用国外水泥市场的经验又符合中国水泥市场的特殊性？

对此笔者反对两种极端的观点。第一种观点是完全拿来主义，该观点认为中国水泥市场会严格遵守国外水泥市场的经验和趋势，之前的拉法基集团在中国区域市场就犯了类似照搬国外水泥市场常规经验的错误；第二种观点是完全的自我主义，该观点认为中国水泥市场具有特殊性，国外经验完全不适用于中国水泥市场，现在一些中国水泥企业正在犯此类错误。

国外水泥市场的历史经验反映的是水泥行业发展的一般性规律，有其客观性，但是重要的不是从表象上照搬或照抄，而是从深层次理解其他国家水泥市场演变的客观规律、背后逻辑和主要影响变量。中国水泥市场的特殊性并不违背水泥行业的普遍性发展规律，其特殊性表现在某些市场变量的差异（比如中国房地产市场）、新增其他国家水泥市场所没有的变量（比如中国政府的基建投入）。把这些新增的变量带入普遍规律逻辑中，就能够对中国水泥市场的未来趋势进行逻辑和框架上的推演。

中国水泥市场的实际演变，也许与理论上的推演结果仍然有一定差异，因为中国水泥市场还会出现新的变量或者已知变量还会发生新变化等。因此，应该通过对中国水泥市场的持续复盘评估和新变量定义，不断修正中国水泥市场发展趋势的推演框架，最终发现具有真正指导意义的规律。

思考题

（1）你所在水泥企业在营销方面有哪些创新？各水泥头部企业的营销创新对你所在水泥企业有什么借鉴价值？

（2）你所在水泥企业未来在水泥存量市场和新兴市场的发展机会有哪些？

参考文献

[1] 周程. 中国水泥熟料总销量十强榜单出炉！［EB/OL］.（2023-05-12）［2023-05-30］. https://www.ccement.com/news/content/33860408935435001.html.

[2] 网易. 我国水泥制造行业：产能将进一步压缩 市场"强者恒强"局面延续［EB/OL］.（2023-01-03）［2023-05-30］. https://www.163.com/dy/article/HQ58PRQI0518H9Q1.html.

[3] 于光民. 水泥企业一体化经验模式［EB/OL］.（2020-04-23）［2023-05-30］. https://www.gwyoo.com/lunwen/jingjilunwen/cyjjlw/201804/667002.html.

第三章　拐点后中国水泥企业的产业链协同

第一节　水泥企业向上下游一体化业务延伸是必然趋势

当水泥市场发展到一定阶段，水泥企业必然向水泥行业上下游延伸业务，这是被全球水泥市场验证过的普遍规律和趋势。例如2021年瑞士豪瑞集团全年销售水泥2亿吨，骨料2.7亿吨，混凝土4650万立方米，在三个行业都排全球前列。许多中国水泥行业头部企业已经开始向水泥行业上下游拓展业务，包括混凝土、骨料、砂浆和砖等领域，其中骨料、商品混凝土两个行业与水泥行业的关联度最高，都采用大宗商品销售模式，所以成为水泥企业新业务拓展的主要方向。例如，中国建材提出的"水泥＋"概念，就是依托现有水泥工厂和水泥业务为基础，同步开展骨料和商品混凝土业务，实现上下游一体化整体发展。

一、水泥企业上下游一体化发展的核心内容

水泥、骨料和商混业务的一体化不是三种业务的简单累加，而是三种业务间产生协同效应（图3-1）。

水泥行业门槛高、利润多、市场集中度高，有向上下游拓展业务的需求。目前中国水泥市场年需求在20亿吨以上，属于资源型行业，有较高的技术壁垒和行业准入门槛，相对利润较高，市场集中度较高，国有大型水泥企业是其中的主要"玩家"。中国商混市场年需求在30亿立方米以上，属于来料加工的服务行业，技术门槛不高，行业准入门槛受到政府控制，相对利润不高，市场集中度也较低，市场玩家比较复杂。中国骨料行业年

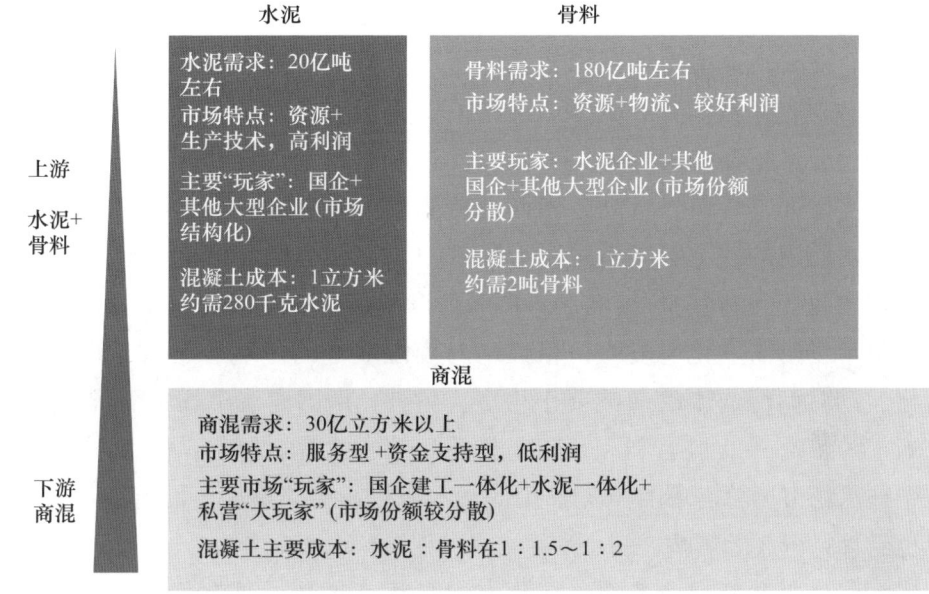

图 3-1　水泥、骨料、商混业务一体化市场组合

需求在 180 亿吨左右，属于完全的资源型行业，资金门槛高，行业准入受到政府控制，市场集中度较低，市场玩家比较复杂，以前利润较低，目前由于行业开始整合，利润逐渐提高。因此，三个行业相互渗透，由于水泥行业的整体壁垒较高，骨料和混凝土行业的"玩家"很难进入水泥行业，但是水泥行业的"玩家"进入混凝土和骨料行业相对容易，且水泥行业市场需求下降，行业自身生存和发展的空间受到限制，向上下游行业拓展业务范围成为其必然趋势。

水泥、骨料和商混三个行业之间是产业链的关系，水泥和骨料行业属于上游的原材料，商混行业是下游产品。另外，商混行业是水泥行业最主要的下游渠道。中国商混市场需求大约在 30 亿立方米，如果按照一立方米商混需要 250～280 千克水泥计算，那么中国商混行业每年产生的水泥需求约为 8 亿吨，约占现有中国水泥市场总需求的 40% 左右。未来随着中国城镇化进程的持续推进，和国家环保要求越来越高，中国商混行业在中国水泥市场需求中的占比还会不断增加。因为混凝土原材料成本不断上升，商品混凝土与现场搅拌混凝土的成本差距不断缩小，商品混凝土全面替代现场搅拌混凝土是必然趋势。中国水泥企业延伸发展商混业务，可以掌控 40% 以上的水泥销售渠道，获得了更多的水泥市场生存空间，可以在水泥企业间竞合博弈中占据更有利地位，还可以有效抑制水泥市场价格战的发生。

建材企业要在商混市场获得较大的成本优势，仅依靠水泥业务的助力是不够的，必须有骨料业务的支撑。下游商混市场对水泥业务至关重要，商混站是水泥企业最重要的销售渠道，但是反过来影响商混原材料成本的最关键要素不是水泥而是骨料。一立方米商混约需要 2 吨骨料和 250 千克水泥，骨料和水泥对商混的成本影响力之比约为 8∶1，也就是说，骨料 1 元/吨的价格波动对比水泥 8 元/吨的价格波动，两者对商混成本的影响是基本相同的。因此，骨料市场供需变化引发的价格波动对商混成本的影响非常大，而水泥市场价格波动对商混成本的影响要小得多。另外，中国商混市场年需求约 30 亿立方米，约需要 60 亿吨骨料和 8 亿吨水泥，其约占中国骨料市场总需求的 1/3，和在中国水泥市场总需求的 40%。因此，水泥行业更倚重于商混行业，而商混行业更受骨料行业的影响。

水泥、骨料和商混业务的一体化发展是相互加持，具有很强协同效应的关联业务，必须放在一起来整体分析，而骨料业务是一体化协同效果达成的最关键环节。

二、水泥企业上下游一体化发展的重要性

中国水泥行业经历了 20 多年的高速发展，为什么在中国水泥市场萎缩期，水泥、骨料和商混一体化发展受到中国水泥企业的高度重视？从这个问题可以延伸出另外一个非常重要的问题，中国水泥企业开展上下游一体化业务拓展，其主要目的是推动水泥业务自身更好地发展，还是在水泥业务之外拓展新的利润增长点呢？

2012 年笔者与国际著名咨询公司做水泥市场战略项目过程中，研究过中国水泥企业向下游拓展商混业务的时机、条件等问题。项目专家团队在参考了全球多国实践经验后给出了两个前提条件：

第一，水泥市场实现结构化较稳定格局；

第二，水泥和商混整合能够产生额外的客户价值。

从这两个前提条件可以延展出以下三个结论。

其一，水泥企业向商混一体化业务拓展的主要目的首先是让水泥业务得到更好的发展，其次才是新业务的利润增长。在水泥业务快速发展期，首先

要优先发展水泥业务；当水泥业务成熟之后，为了维持水泥业务现有利润，同时增加新的利润增长点，才会向上下游拓展新业务。

其二，水泥市场格局的稳定，既是前提也是目标。水泥企业间竞合博弈有两个目标，首先是实现水泥市场整体格局的稳定，其次是在水泥市场格局中获取优势地位。在水泥企业业务延伸至水泥、骨料、商混一体化业务发展模式之后，其在水泥市场的竞合博弈能力也得到进一步加强。

其三，水泥、骨料和商混一体化业务实现 1＋1＋1＞3 是一个关键且必要条件，通过被水泥和骨料加持过的一体化商混业务在产业链下游的商混市场的竞合博弈中占据优势，形成可以掌控和相对稳定的一体化市场格局。

因此，水泥企业向商混和骨料业务拓展的本质是水泥企业市场竞合博弈的延伸。在中国水泥市场扩张期，中国水泥企业获取竞争优势的最有效方法是快速获取新增市场份额和新增客户，而在中国水泥市场萎缩期，稳固现有客户和核心市场份额成为竞合博弈的核心任务。

三、水泥企业上下游一体化发展的问题与挑战

中国水泥、骨料和商混一体化发展，除了要遵循三个业务协同的一般性规律，还要考虑中国市场环境中独有的特点和运行规律，其中既有机遇也有巨大的挑战。

图 3-2 所示是 2021 年全球商混企业的销量排名。在前五名中国混凝土企业中中国建材排名第一，西部建设排名第二，上海建工排名第五，其他两家国外企业排名第三、第四名。从中可以发现，国外商混龙头企业更多是水泥企业或者骨料企业向下游延伸至商品混凝土业务，而中国商混龙头企业则既有水泥行业向下延伸至商品混凝土业务又有国有建筑企业向上延伸至商品混凝土业务。

商混行业的主要客户是各类建筑工程商，商混行业附加值较低，通用型 C30 商混的销量占商混总销量的一半以上。中国商混企业主要可以分为三类：中国水泥企业建立的上游一体化商混站、中国国有建筑工程商建立的下游一体化建工类商混站、中国民营商混站。

要评估中国三类商混企业的未来发展趋势，需要从三个维度入手分析，它们是商混企业市场竞争力的三个主要影响因素：成本、获客能力和资金效率。

排名	国别	企业名称	销量（百万立方米）
1	中国	中国建材	111.53
2	中国	西部建设	51.73
3	墨西哥	西麦斯	47.00
4	德国	海德堡水泥	46.90
5	中国	上海建工	42.47
6	瑞士	拉法基豪瑞	42.30
7	爱尔兰	老城堡集团	28.50
8	中国	金隅冀东集团	16.15
9	中国	华润水泥	13.39
10	意大利	布兹尤尼斯	11.70

图 3-2　2021 年全球商混企业的销量排名

在成本方面，中国商混企业的成本差异在不同市场时期有很大不同。早期商混市场很不规范，存在产品以次充好的现象，民营商混站的原材料质量管控不严，成本竞争力较强。如今国家出台各种商混行业规范和检查制度，尤其在商混质量终身责任制推出之后，商混产品质量被严格管控。因此不同商混站之间的成本差距，不是体现在原材料配比方面，而是体现在原材料采购方面。在原材料采购方面，水泥一体化商混站拥有最大成本优势，因为商混原材料需要的骨料和水泥都是自产的，因此可以最大限度地节约原材料运费。另外，有配套骨料矿山的民营商混站和实现集中采购的中国国营建工类商混站，也有一定的成本优势。

中国商混企业的获客能力方面，主要受下游中国建筑工程市场的影响。中国建筑工程市场目前正处在整合阶段，据统计中国国有及国有控股建筑工程企业的市场份额已经接近 50%，其中市场排名前五的企业的市场份额占比总计超过 30%。中国大型国有建筑企业通常设有下游一体化自营商混站（建工类商混），目的是增加销售收入并保障自身工程项目的质量。但是中国国有建筑企业为缓解其资金压力，依然需要把大部分商混业务交给第三方民营商混站来实施。因此在商混站获客能力方面，中国国有建工类商混站拥有大量的集团内部业务订单,具有较明显的优势。

在资金效率方面,中国商混企业竞争力主要受到中国建筑工程项目付款状况影响。中国建筑工程项目对商混站的付款周期平均都要在半年以上,有些项目甚至超过两年,融资、资金效率和应收账款管理成为商混行业最重要的竞争力。因此在资金效率方面,建工类商混站的优势明显,民营商混站也有不可替代性,水泥一体化商混站能力较弱。

不同类型的商混站在市场竞争力三个主要影响因素方面存在较大差异,未来国有建工类商混站、水泥一体化商混站、有骨料等原材料优势的民营商混站都具有明显的市场竞争优势,会形成三大主要商混阵营,但是商混市场整合进程会非常缓慢。例如,按照30亿立方米/年的中国商混市场需求和半年以上的付款周期计算,中国商混市场至少需要6000亿元应收账款资金来垫资。因此,无论是水泥一体化商混站,还是国有建工类商混站,都无法解决应收账款资金问题,民营商混站必然在很长一段时间内依然是商混市场的主流。再例如,中国建材1.1亿立方米/年的商混销量按照每立方米商混消耗280千克水泥计算,折合后约3000万吨/年的水泥消耗量。但是中国建材每年的水泥销量为3亿~4亿吨,水泥一体化商混站消耗的水泥只占集团水泥总销量的7%~10%,远没有达到保护水泥主要销售渠道的作用。如果中国建材混凝土业务要实现1亿吨/年的水泥消耗量,那么需要实现大约4亿立方米/年的商混销量,换算出来就是超过800亿元的应收账款,这将是一个巨大的挑战与负担。

四、水泥企业上下游一体化发展应谨慎发展骨料业务

目前,水泥企业投资骨料项目进入热点期,但是投资回报需要谨慎谋划。2017年国家提出环保战略,这一年是中国骨料行业发展的分水岭。此前中国骨料市场不规范,客户对骨料产品的质量要求偏低,政府对不符合规范的骨料经营者的处罚较轻。经营不规范的小型骨料企业运营成本较低,对矿山资源野蛮开采,不注重安全生产,但是占据市场的主导地位。骨料市场存在大量无序竞争和骨料价格低迷。

国家提出环保战略之后,各级政府制定了更加严格的法律法规和监管政策,规范矿权获取程序,提高绿色矿山和安全生产要求,并且对骨料企业进行定期检查。这些举措抬高了骨料企业运营的资金门槛、技术门槛和管理门

槛，大型骨料企业具有更强的市场竞争力，逐渐成为骨料行业的主导力量，改变了劣币驱逐良币的现象。

中国骨料市场巨大，表 3-1 所示是 2022 年上市水泥公司骨料销量和平均价格排名，其中最大的天山股份折合全年骨料产量约为 1.1 亿吨，占中国骨料市场份额的不到 1%，但销量增长约 34%，骨料市场价格约为 47.8 元/吨，成本估计在 20 元/吨左右，毛利率很高。中国骨料市场需求在 180 亿吨/年左右，未来中国骨料市场进入转型发展期，在这个过程中骨料小企业与骨料大企业并存，然后骨料小企业被市场逐步淘汰，如果骨料小企业淘汰较慢而骨料大企业发展过快，则会出现短期供过于求的骨料产能过剩局面，造成骨料价格的持续下跌。

表 3-1　2022 年部分上市公司骨料价格及销量情况

	骨料销量（万吨）	同比（%）	平均售价（元/吨）	同比（%）
中国建材	13127.60	26.40	44.60	−5.50
中国建材-天山股份	11507.00	34.27	47.83	−2.14
华新水泥	6579.00	88.14	46.59	−20.67
海螺水泥	5838.78	38.00	38.19	−11.24
天瑞水泥	4190.00	109.10	39.50	−10.80
上峰水泥	1611.94	20.75	44.97	−20.99
万年青水泥	1122.00	—	31.58	—
中国建材-宁夏建材	545.83	−24.15	21.30	−8.01
四川双马水泥	541.53	11.76	40.28	−10.52
湖南发展	539.83	−29.13	40.07	13.27
西部水泥	461.00	4.80	51.19	45.51
淮北绿金	420.45	22.06	67.50	−9.15
中国建材-祁连山	239.52	75.10	34.11	−2.45

近些年，在骨料行业政策东风的推动下，在骨料业务高利润的吸引下，各路资金大规模布局骨料市场（表 3-2）。2022 年全国新增骨料产能约 25 亿

吨，约占骨料总需求（约 180 亿吨/年）的 14%，且 50% 以上的新增产能都是 500 万吨/年以上的大型骨料产能。其中长江流域和西江流域新增骨料产能约 15 亿吨，占总新增产能的 60%。这样势必造成骨料市场短期内供过于求，骨料市场价格持续下跌。

表 3-2 2022 年各区域新增骨料产能

区域	省（自治区、直辖市）	年产能（万吨）	区域	省（自治区、直辖市）	年产能（万吨）
华东	上海	—	华北	天津	—
华东	江苏	544	华北	北京	—
华东	江西	3953	华北	山西	702
华东	浙江	8334	华北	山东	1265
华东	安徽	12448	华北	内蒙古	1607
华南	海南	788	东北	河北	5278
华南	福建	7730	东北	辽宁	2512
华南	广西	25464	东北	吉林	2907
华南	广东	50432	东北	黑龙江	3988
华中	河南	4592	西北	宁夏	882
华中	湖南	9785	西北	陕西	1458
华中	湖北	34502	西北	青海	3440
西南	西藏	111	西北	甘肃	4438
西南	重庆	2940	西北	新疆	20214
西南	云南	9715		—	—
西南	四川	11081		—	—
西南	贵州	25467		—	—

骨料是资源主导型行业，在骨料资源获取方面水泥企业占有的优势不大，其他行业企业也在积极参与，呈现出百家争鸣的盛况。如中国电力建设集团、中国交通建设集团有限公司等建筑央企都有超过中国建材的骨料产能规划，此外还有地方政府的资源开发公司也纷纷布局骨料产能，老牌民营骨料企业如日昌升集团有限公司在骨料市场的产能规模已经远超水泥企业。因此未来骨料市场的最终格局和市场发展历程还具有很大的不确定性。

附加内容：骨料项目拓展的案例

骨料矿山项目投资具有很大的不确定性，包括骨料矿山品质、相关农民搬迁、物流修路、原有矿权股权、周边设施等一系列问题，每一个问题都存在巨大风险，需要非常谨慎。

比如，2020—2021年曾在某省会周边找到几个看起来比较好的骨料矿山合作项目，为原有小骨料项目的矿权扩建。其股权问题、交通及周边设施和农民搬迁等问题经过几个月的沟通都得到了较好解决，但是矿山品质第二次勘探和第一次勘探得出的结果差异很大，最后只好放弃。因为采取打孔选点的矿山勘探并不能保证得到100%准确的结果，所以风险是无法避免的。

再比如，一家水泥工厂自有矿山扩建，其矿山品质和其他相关问题相对可控，但是农民搬迁问题一拖再拖，搬迁成本越来越高，最后甚至超出原有预算的50%。因此，可以说所有矿山相关的投资决策都具有很大风险，决策做慢了也许会错过机会，决策做快了也许有很多问题风险没有考虑周全。

思考题

你所在的水泥企业在水泥、骨料、商混一体化发展方面有哪些规划？项目投资回报率是多少？项目投资中有哪些风险需要考虑？如何避免这些风险？

参考文献

[1] 中国水泥网.2021年全球混凝土TOP30排行榜出炉［EB/OL］.（2021-11-11）［2023-05-18］. https://www.ccement.com/news/content/16593439531455002.html.

[2] 中国水泥网.「专题」2022年上半年混凝土行业运行分析及展望［EB/OL］.（2023-02-01）［2023-05-18］. https://www.ccement.com/news/content/35218778730515002.html.

[3] 中国砂石网.多地国企进入骨料市场，助力砂石行业转型升级［EB/OL］.（2022-10-12）［2023-05-18］. https://www.zgss.org.cn/zixun/zhuti/14641.html.

[4] 搜狐网.2021年中国各省市商品混凝土产量及市场分析［EB/OL］.（2022-06-09）［2023-05-18］. https://www.sohu.com/a/555524055_121123881.

[5] 数字砂石网.多家上市公司砂石骨料营收披露，最高55亿元！量升价跌现象下谁能一骑绝尘？［EB/OL］.（2023-05-25）［2023-05-18］. https://www.zgss.org.cn/zixun/hangye/15653.html.

[6] 数字砂石网.2022年全国新增砂石骨料采矿权出让分析报告［EB/OL］.（2023-01-23）

［2023-05-18］. https：//zgsscy.com/index.php? m＝home&c＝View&a＝index&aid＝529.

［7］砂石兄. 规划年产能破3亿吨，交投公司进入骨料产能排名前十五！［EB/OL］.（2023-06-08）［2023-06-16］. https：//baijiahao.baidu.com/s? id＝1768112573769329108&wfr＝spider&for＝pc.

［8］砂石骨料网. 新增骨料产能1420万吨/年！湖南5宗矿近12亿成交　合计储量2.2亿吨［EB/OL］.（2023-03-13）［2023-06-16］. https：//baijiahao.baidu.com/s? id＝1760250787015250036&wfr＝spider&for＝pc.

［9］钢企网. 2023中国商品混凝土行业市场发展现状［EB/OL］.（2023-06-06）［2023-06-16］. http：//news.gqsoso.com/qita/202306/061093177.html.

第二节　水泥、骨料、商混一体化协同效应助力市场竞合新格局

竞合博弈并非水泥企业间独有，也存在于大多数行业企业的经营活动中。它是将合作与竞争结合的企业经营战略，也是一种可以实现双赢的非零和博弈。竞合博弈对水泥企业更加关键和重要，不但影响水泥企业的个体盈利状况，而且影响水泥行业的整体盈利状况。

水泥企业间竞合博弈的产生原因是水泥行业中存在两种方向完全相反的市场作用力。

水泥市场作用力一：水泥产能的规模效应。水泥工厂在前期建设阶段的固定成本投入很大，在后期运营阶段，水泥销量越大，水泥工厂固定成本的单吨水泥分摊越低。另外，熟料窑线连续运转时间越长，生产运行成本越低，水泥企业效益越好。因此出现了"量本利"营销战略。

水泥市场作用力二：水泥市场的刚性需求。水泥市场需求并不因水泥价格的涨跌而有明显的变化，提升水泥市场价格，会增加水泥市场总利润，让水泥市场所有相关企业受益。因此出现"价本利"营销战略。

虽然整个中国水泥行业都清楚维护水泥市场价格的重要性，并且尝试了很多办法来稳定水泥市场价格，甚至借助错峰生产政策；但是采用"量本利"营销战略的水泥企业依然对中国水泥市场产生重要影响，随着中国水泥市场的萎缩，水泥市场价格依然经常大幅波动，稳定水泥市场价格会越来越难。

水泥、骨料和商混一体化竞合存在协同效应，与单一水泥行业竞合相比具有更强的稳定性，它提供了除错峰生产之外更加稳定和长久的维护中国水泥市场价格的方法。

水泥、骨料和商混一体化协同效应包括两方面内容：一体化市场协同效应和一体化成本协同效应。这两方面既各自独立又互相支持和促进。一体化市场协同效应是一体化竞合的底层逻辑，一体化成本协同效应为一体化市场协同效应提供了有力的物质保障。

一、水泥、骨料、商混一体化市场协同效应

(一) 一体化竞合形成的市场格局更加稳定

水泥、骨料、商混一体化竞合比单一水泥行业竞合形成的市场格局更加稳定（图3-3）。

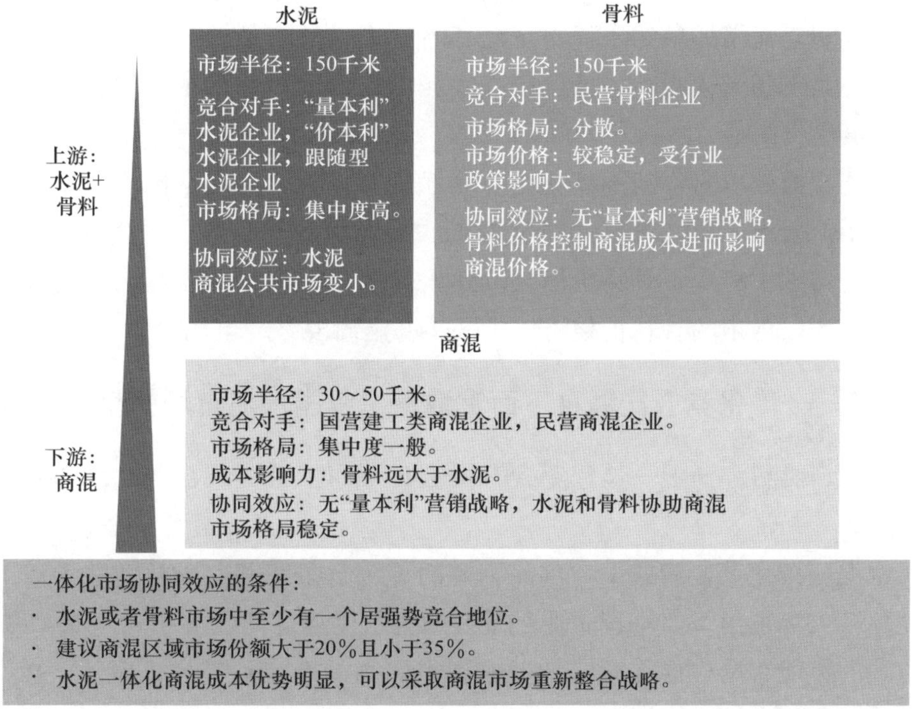

上游：水泥+骨料

水泥
- 市场半径：150千米
- 竞合对手："量本利"水泥企业，"价本利"水泥企业，跟随型水泥企业
- 市场格局：集中度高。
- 协同效应：水泥商混公共市场变小。

骨料
- 市场半径：150千米
- 竞合对手：民营骨料企业
- 市场格局：分散。
- 市场价格：较稳定，受行业政策影响大。
- 协同效应：无"量本利"营销战略，骨料价格控制商混成本进而影响商混价格。

下游：商混

商混
- 市场半径：30~50千米
- 竞合对手：国营建工类商混企业，民营商混企业。
- 市场格局：集中度一般。
- 成本影响力：骨料远大于水泥。
- 协同效应：无"量本利"营销战略，水泥和骨料协助商混市场格局稳定。

一体化市场协同效应的条件：
- 水泥或者骨料市场中至少有一个居强势竞合地位。
- 建议商混区域市场份额大于20%且小于35%。
- 水泥一体化商混成本优势明显，可以采取商混市场重新整合战略。

图3-3 水泥、骨料、商混一体化市场协同效应

水泥市场销售半径大，商混市场销售半径小，因此一体化市场竞合后，原水泥竞合市场碎片化了。商混市场是水泥市场的下游，商混站的销售半径一般在30千米以内，水泥工厂的销售半径一般在100~150千米，会涵盖多个商混市场。每个商混市场的利润只受商混市场格局和商混价格的影响，与水泥市场价格关系不大。因此，水泥工厂一体化商混站让区域水泥大市场"蛋糕"被多块区域商混小市场"蛋糕"所占据，原有的公共水泥市场变小了。水泥一体化商混站通过商混业务来锁定部分利润，这部分利润不受水泥市场价格的涨跌影响，单一水泥市场格局变化和水泥市场价格大幅下跌对水

泥一体化企业的利润影响大大减弱。

一体化竞合的主导企业必然遵循"价本利"营销战略，稳定水泥市场价格的力量增强了。水泥一体化商混站的市场覆盖半径较小，水泥市场和商混市场重叠覆盖的区域，是一体化竞合主导企业的水泥主核心市场和主要利润区。因此，水泥一体化商混站有维护当地水泥核心市场价格的强烈意愿。另外，一体化竞合主导企业有较大的市场竞合话语权。它在下游商混市场已经占有一定份额，在面对水泥价格战时利润受到的影响和伤害较小。而那些采取"量本利"营销战略的水泥市场破坏者，市场竞合话语权被大大降低。因为水泥公共市场大幅减少，低价抢夺水泥市场份额付出的成本更高，其市场破坏力会大大降低。

产能规模效应对水泥一体化企业利润的影响大大降低。因为骨料和商混对连续生产要求不高，没有熟料窑停机后重启的高额成本，不会极端追求设备连续运转率。另外，骨料价格波动比水泥要小得多，且骨料占商混成本比例较大，所以稳定的骨料价格可以进一步稳定商混终端市场价格。

（二）一体化竞合能够自下而上地重建中国水泥市场的稳定格局

水泥、骨料和商混一体化竞合有机会自下而上地实现全国水泥市场的整体稳定。

水泥一体化竞合模式下，水泥企业的传统竞争优势会发生重大改变。在水泥单一市场视角下，水泥企业最重要的竞争优势是低成本和大产能，另外，散点式的产能布局也能在竞合博弈中获得更高的产能运转率。但是，在水泥一体化竞合视角下，水泥业务低成本、大产能和产能分散式布局的优势将逐渐减弱。因为大产能或者产能分散式布局意味着覆盖更大的水泥销售半径和更多的水泥细分市场，由于水泥一体化商混站的出现，主要的散装水泥商混市场被逐渐瓜分和固化。如果没有水泥一体化商混站的支持，在距离水泥工厂很远的竞争对手的核心市场销售水泥将面临很高的市场壁垒和销售成本。靠近重要城市且有矿山资源支撑的水泥产能，因其水泥一体化商混站的支持，将在未来水泥一体化竞合新格局中占据优势。因此，在水泥一体化竞合新格局中，熟料窑线的区位优势将决定其未来的发展潜力。

商混市场的定价权将成为水泥一体化竞合的博弈核心。因为在水泥一体化竞合视角下，水泥价格和水泥市场定价权对水泥一体化企业利润的影响大大减弱，商混价格才是决定水泥一体化整体盈利能力的关键因素。

水泥企业的骨料业务布局将成为水泥一体化竞合的关键要素之一。水泥企业大规模进入骨料行业是近几年的事情，目前骨料行业处于市场集中度低和市场格局未形成的圈地阶段，骨料资源必然成为下一轮资源争夺的重点。因为能否有效获取骨料资源将直接影响水泥一体化商混站的市场布局，以及相关水泥一体化商混站的市场竞争力。

依靠一体化市场竞合，再造稳定的中国水泥市场新局面。中国绝大部分县市附近都有水泥工厂布局，如果这些县市附近的水泥工厂都能建立水泥一体化商混站，或者采用水泥一体化竞合模式，那么就像扎篱笆一样，在每个小区域形成比较稳定的水泥一体化市场格局，最终水泥一体化小区域连片成为水泥一体化大区域，自下而上地实现全国水泥市场的整体稳定。

（三）一体化竞合市场协同效应实现的前提条件

水泥一体化竞合市场协同效应的前提条件是强势业务对弱势业务的有效支撑。

水泥或骨料市场至少有一个居强势竞合地位。水泥一体化市场竞合包括水泥市场竞合、骨料市场竞合、商混市场竞合三方面内容，其中至少需要有一项业务处于强势竞合地位。比如，在水泥主核心市场，水泥业务处于竞合主导地位，此区域内大部分商混站都要购买和使用水泥一体化企业的水泥产品。水泥市场竞合的强势地位，必然会传导到商户市场竞合格局。水泥一体化商混站的行业地位必然会提高，即使缺少骨料业务的支持，缺乏商混成本的绝对优势，也可以借力水泥市场的强势地位，稳定商混市场竞合格局。

一般情况下，水泥一体化商混站的市场份额不能太低也不宜太高。如果水泥一体化商混站的市场份额太低，则对商混市场的影响力不够；如果水泥一体化商混站的市场份额太高，则会大幅压缩其他社会商混站的生存空间。如果水泥一体化商混站的成本优势并不明显，那么商混站市场份额建议在20%～35%，水泥一体化竞合的主要目标是：维护商混市场格局稳定，促进社会商混站购买和使用水泥一体化企业的水泥和骨料产品。

如果水泥一体化商混站的成本优势非常明显，且销售半径可以覆盖大部分商混市场范围，那么水泥一体化商混站的市场份额可以超过50%甚至更高，以实现商混市场的重新整合。

二、水泥、骨料、商混一体化成本协同效应

（一）一体化成本协同效应的优势

水泥骨料和商混一体化成本协同效应能够大大降低水泥厂内商混的生产成本，使商混业务获得巨大的成本竞争优势。水泥、骨料、商混一体化成本协同效应的落地业务，一般是指在水泥工厂内或者在骨料基地旁边建立商混站的业务模式（图3-4）。假设一般市场中商混站的水泥物流成本是25元/立方米（按照35千米起步价计算），那么折合到商混成本节约25元/立方米×0.25＝12.5元/立方米，骨料成本20元/立方米（按照35千米起步价计算），那么折合到商混成本节约20元/立方米×2＝40元/立方米，再减去商混远离市场增加的10元/立方米左右的运费，运费部分节约40元/立方米左右。另外，商混厂房用地、矿山、设备维修、员工配套等费用可以和水泥工厂分摊，水泥直接通过管道输送到商混料仓，既节约了商混的发运成本，也节约了原

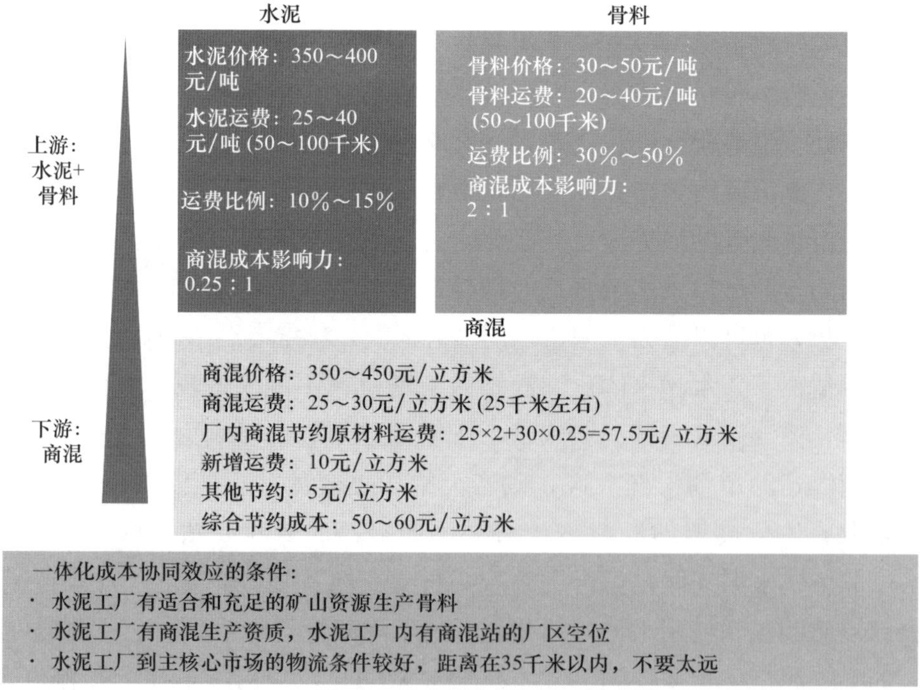

上游：水泥+骨料

水泥
- 水泥价格：350～400元/吨
- 水泥运费：25～40元/吨（50～100千米）
- 运费比例：10%～15%
- 商混成本影响力：0.25∶1

骨料
- 骨料价格：30～50元/吨
- 骨料运费：20～40元/吨（50～100千米）
- 运费比例：30%～50%
- 商混成本影响力：2∶1

下游：商混

商混
- 商混价格：350～450元/立方米
- 商混运费：25～30元/立方米（25千米左右）
- 厂内商混节约原材料运费：25×2+30×0.25=57.5元/立方米
- 新增运费：10元/立方米
- 其他节约：5元/立方米
- 综合节约成本：50～60元/立方米

一体化成本协同效应的条件：
- 水泥工厂有适合和充足的矿山资源生产骨料
- 水泥工厂有商混生产资质，水泥工厂内有商混站的厂区空位
- 水泥工厂到主核心市场的物流条件较好，距离在35千米以内，不要太远

图3-4　水泥、骨料、商混成本协同效应

材料在运输和发运过程中的损耗。商混的税率低于水泥的税率，再加上水泥和骨料可以按照成本价供应给水泥一体化商混站等，综合计算下来，水泥厂内一体化商混的每立方米生产成本比普通商混站的生产成本低100元甚至150元以上，这在商混市场意味着绝对的成本竞争力。

（二）利用一体化成本优势重建一体化竞合市场格局

水泥厂内一体化商混站因其绝对的成本竞争力，必然要求重建商混市场格局。

水泥厂内一体化商混站通常采取市场进攻策略，以获取最大的商混市场份额和商混市场定价权。此模式运行初期，商混市场格局被重新划分，必然导致激烈的客户抢夺战，水泥和骨料销售会被区域内民营商混站抵制。但是在此模式运行后期，新商混市场格局逐渐形成，水泥厂内一体化商混站抢夺其他民营商混站客户的行为告一段落，商混价格逐渐回升。

水泥、骨料和商混三个行业的市场协同效应，可以叠加一体化成本协同效应。拥有商混市场定价权，就可以打造更加牢固的一体化市场竞合壁垒和一体化市场格局，维持较高的一体化市场价格，形成利润丰厚的大后方市场。例如产能规模较小的水泥工厂，生产成本较高，在水泥市场竞合中处于弱势地位。但由于建成了水泥厂内一体化商混站和拓展了骨料业务，商混生产成本的巨大优势，使一体化企业在商混市场竞合中处于强势地位。得到了商混市场价格话语权后，更多的本地民营商混站很愿意采购一体化企业的水泥产品。一体化企业的盈利能力获得巨大提升。

（三）一体化成本协同效应实现的前提条件

水泥一体化成本协同效应实现需要具备三个前提条件。

第一，水泥工厂距离商混市场比较近，不超过水泥工厂内商混站销售半径30千米。如果水泥工厂内商混站距离商混市场太远，那么不但会大幅增加商混物流成本，而且无法保障商混运送的及时性和送达后商混的质量。

第二，水泥工厂的矿山适合生产骨料，且有较充足的矿山资源储备，矿石总量能够支撑水泥和骨料15~20年的业务需要。

第三，必须拥有独立的商混业务牌照，并且有足够的厂区空间建设商混站。

总之，水泥、骨料、商混一体化业务不是三项业务的简单叠加，其一体化市场协同效应和一体化成本协同效应中蕴含巨大的市场价值，有效地利用水泥一体化协同效应既能够增强水泥企业自身的竞争优势，改变水泥企业间原有的竞合强弱态势，又可以在各个小区域固化一体化市场格局，稳定水泥、骨料、商混市场价格，最终在全国范围内自下而上地形成水泥市场总体稳定的新局面。

附加内容：用水泥一体化竞合制衡"量本利"营销战略的水泥企业

"量本利"营销战略的水泥企业通常熟料窑线规模大、生产成本低，在中国水泥市场扩张期与高位震荡期具有明显的竞争优势；但是在中国水泥市场萎缩期，尤其是在水泥、骨料、商混一体化竞合的市场格局下，其竞争优势将越来弱。

在水泥、骨料、商混一体化竞合的市场格局下，水泥企业逐渐向下游延伸商混业务，水泥的销售渠道逐渐固化。大部分县城和地级市周边的水泥工厂都会兴建其水泥厂内一体化商混站，并掌控当地的商混市场竞合格局和商混市场定价权，其他非水泥企业控制的公共商混市场越来越小。另外，采用"量本利"营销战略的水泥工厂的产能大、数量少，大多数情况下都位于较偏远的地区，因此很难采用水泥厂内一体化商混站模式控制较大规模的商混市场，以致在面对水泥公共市场逐渐变小的情况时显得无能为力。

在中国商混市场，水泥一体化商混站不可能占据大部分的市场份额，国营建工类商混站和有骨料资源的民营商混站依然占据较大的市场份额。但是随着商混市场的逐渐整合，在水泥企业与商混企业的博弈中，原来水泥企业的压倒性优势大大减弱。商混站客户拥有越来越强的水泥采购议价能力，水泥企业必须为商混企业留有足够的利润空间，同时水泥价格反复涨跌也不会被商混企业所接受。

因此，在未来水泥一体化竞合市场格局下，随着水泥企业逐步延伸商混和骨料业务，决定市场竞合能力强弱的规则发生了重大改变。"量本利"营销战略的水泥企业的竞争优势必然逐渐减弱，甚至最后消失。中国水泥行业未来的产能布局方向，大概率是中型窑线分布式布局，而非超大型窑线产能集中式布局，这与世界其他国家的水泥产能布局规律基本相符。

思考题

你所在水泥企业如何利用水泥、骨料、商混三个行业的协同效应提升一体化竞合优势?具备条件的水泥工厂要如何逐步推进相关新业务的发展?不具备条件的水泥工厂要如何应对竞品水泥工厂的一体化竞合业务对现有水泥业务的冲击?

参考文献

[1] 于光民. 水泥企业一体化经验模式 [EB/OL]. (2020-04-23) [2023-05-30]. https://www.gwyoo.com/lunwen/jingjilunwen/cyjjlw/201804/667002.html.

第三节　水泥、骨料、商混一体化项目优先从地县级市场开始

在实际操作过程中，水泥、骨料、商混一体化业务运营比单一水泥业务运营要复杂得多，其主要包括四个方面的挑战：新项目投资回报问题、水泥一体化项目区域选择和分步骤推进问题、水泥一体化竞合的市场演变问题、水泥一体化项目的建设和后期生产安排及营销战略战术问题。

一、以水泥工厂为依托开展一体化商混和骨料业务具有投资小和回报快的优势

对于新业务拓展项目投资必须谨慎对待，先要进行项目可行性分析，寻找投资风险小且回报率高的项目。项目可行性分析包括深入研究预判相关市场的规模和前景、项目总投资和回报周期、项目执行风险和落地方案等。下面对几个主要新业务方向进行介绍。

当前独立骨料业务是各大水泥龙头企业的投资热点。国家支持兴建规范和环保安全标准较高的大型骨料产能，逐步取代原有落后不规范的小型骨料产能。但是骨料项目的前期投入资金大，回报周期长，200万吨/年的中型骨料项目大约需要5亿元左右的资金投入，项目建成前期2～3年收益较低，后期收益率才能逐渐升高。因此，新建骨料项目属于高投入高回报且具有一定风险的项目。

现在很多水泥企业投资商混业务首选在大型省会以上城市操作。在省会级以上的大城市新建或收购商混站，虽然商混市场规模大，发展前景好，但是项目落地难度大，投资额至少在5000万～1亿元。另外，水泥企业在大城市开拓商混业务，很难利用现有水泥工厂资源，没有成本竞争优势，综合市场竞争力不强。在大城市商混市场中的竞争对手实力较强，且多数情况会遇到与国有建工类商混站的市场竞争。这些商混市场的竞争对手同时也是水泥市场的强力买家，稍有不慎会对水泥业务产生巨大的负面影响。因此，在大城市投资商混项目，盈利能力弱，投资回报周期长，运营风险较大，只能保护水泥渠道，而不能以盈利为主要目标。

在地县级城市投资水泥厂内一体化商混站，这是投资回报率较高的选择。如果水泥工厂与商混市场的距离较近且具备一定条件，以水泥工厂为依托发展骨料和商混一体化业务，虽然当地商混市场规模小，发展前景一般，但是水泥工厂对当地的影响大，资金总投入不高，水泥一体化竞合能够快速提升企业利润，投资回报率高。

投资地县级市水泥厂内商混项目优点具体表现为：

第一，利用水泥工厂现有矿山延伸骨料业务，获取骨料矿权所需的资金投入要小于其他独立骨料矿山的资金投入；

第二，水泥厂内一体化商混站的土地和运营都可以利用现有资源，大大降低了新商混站前期固定资本投入和后期运营成本；

第三，新建骨料和商混的营销业务可以利用现有水泥销售渠道，迅速打开市场实现盈利，并且与水泥销售联动，发挥水泥一体化市场协同效应。

二、水泥企业拓展一体化业务的三种模式

（一）在水泥工厂厂区范围内建设一体化自营商混站

在水泥工厂内建设一体化商混站需要具备三个前提条件：水泥工厂距离商混市场比较近；水泥工厂的矿山适合生产骨料，且矿山资源总量能够支撑水泥和骨料15～20年的业务需要；必须拥有独立的商混业务牌照和相应的场地。

水泥厂内一体化商混站与普通民营商混站相比有极大的成本优势。商混的主要原材料——骨料和水泥都是自有产品，不需要二次转运，另外，商混厂房用地、矿山、设备维修、员工配套等费用都可以和水泥工厂分摊。

水泥厂内一体化商混业务在运营前期通常采取市场进攻策略，以获取最大的商混市场份额和商混市场定价权。抢夺原有民营商混站市场份额会激化与水泥客户的矛盾，有可能导致这些民营商混站抵制水泥销售。但是在水泥一体化商混模式运营后期，商混市场格局重新划分，恢复商混价格是大家共同的需求。水泥一体化商混站的优势在于较低的生产成本，劣势在于应收账款管理和客户关系维护，而民用商混站的优势和劣势正好与之相反，一体化商混站和民营商混站可以形成优势互补的合作关系。

水泥厂内一体化商混站形成的水泥、骨料、商混三个业务的市场协同效应，可以形成比较稳固的一体化市场格局，并且以商混市场的定价权为基础，最终能够实现水泥、骨料、商混三个业务量价齐升的全赢局面。

（二）脱离水泥和骨料生产基地，在城市周边兴建厂外一体化自营商混站

水泥厂外一体化商混站与普通民营商混站相比没有成本竞争优势，只有商混原材料保供的优势，而且在应收账款和客户关系等方面存在竞争劣势。因此，水泥厂外一体化商混站的市场竞争力较弱，很难实现盈利，只能起到保护水泥商混销售渠道和稳定水泥市场价格的作用。

骨料业务对厂外一体化商混站非常重要，一方面可以提升厂外一体化商混站在商混市场的影响力，另外一方面可以弱化水泥竞品降价对水泥一体化业务的负面影响。

水泥厂外一体化商混站需要规避其他商混站的排他性竞争风险，通常其他商混站不愿意与和竞争对手有关联的水泥厂商合作。因此水泥厂外一体化商混站宜采取市场防御策略，在某些情况下为了保护水泥业务还要作一定的牺牲，目的是保护水泥销售渠道，稳定水泥市场的竞合格局。所以，厂外一体化商混站不宜承担较高的盈利压力。

（三）商混代加工模式或者联营模式

商混代加工模式是从水泥厂外一体化商混站模式演变而来的。由水泥一体化工厂为其他商混站提供水泥、骨料和其他原材料，并且实施统一管理，但是商混对外销售和收款工作仍然由原商混站人员负责。

商混代加工模式的关键成功要素是拥有商混市场的定价权。只有在商混市场拥有定价权，才能有效维护商混市场的价格，满足所有相关商混站的利润诉求，水泥、骨料和其他原材料的供应才能产生溢价。因此，此模式必须要能覆盖区域内大部分商混站，实现对商混市场的整合，并且保障水泥和骨料等原材料的充足供应。

商混代加工模式的优点是避免与商混市场现有民用商混站产生业务冲突，避免了商混经营风险和应收账款风险。同时，代加工模式也存在很多挑战：一方面，区域市场中商混站之间依然存在竞争，该模式的稳定性有待观察；

另一方面，区域市场内大部分商混站统一管理，类似于商混行业的区域卡特尔，政府相关部门对此模式的态度存在不确定性。

三、水泥企业拓展一体化业务的逐步推进策略

水泥企业发展水泥、骨料、商混一体化业务，建议从地县级市场开始，最后再到省会级以上大城市。

当前一些大型水泥企业首选大城市发展商混业务，主要是看重省会级以上大城市商混市场需求大且商混价格高。但是，大城市的商混行业竞争对手强大，发展水泥一体化商混站困难较大。例如，国营建工类商混站通常在大城市深耕，其行业竞争力远高于水泥一体化商混站。水泥一体化商混站在大城市开展业务，会遭到强势商混竞争对手的抵制，水泥和骨料业务会因此受到损失。另外，水泥一体化商混站的优势是一体化市场协同效应。但是在大城市整合商混市场太难，无法整合市场就无法发挥水泥一体化市场协同效应，也就无法建立稳定的水泥一体化市场格局。

在地县级城市发展水泥一体化商混站，投资小、见效快、容易成功。因为水泥工厂通常是地县级区域的税收龙头，地方政府对其支持力度大，其政治影响力很大，而在地县级区域市场商混和骨料竞争对手的市场影响力和政治影响力相对较弱。因此，地县级商混市场更容易被整合，一体化市场协同效应一旦形成就会比较稳定，容易形成大后方市场（图3-5）。

在中国每一个地级市和县级市都有本地的水泥工厂，如果这些地区的水泥工厂都能够向水泥、骨料、商混一体化模式发展，那么整个中国水泥市场将会出现全新的稳定局面，水泥市场价格也会逐渐趋于平稳。

四、水泥厂内一体化商混项目建设、生产和营销的复杂性

水泥行业的本质是资源型行业，商混行业的本质是服务型行业。水泥工厂发展水泥、骨料、商混一体化业务有很多好处，但是也面临很多转型挑战。

第一，骨料资源的获取是前提保障。首先要评估水泥工厂现有矿山条件是否适合骨料生产，其次要办理水泥工厂现有矿山扩权。这比独立骨料资源的获取容易一些，但是扩权审批同样非常复杂并需要较大的资金支持。

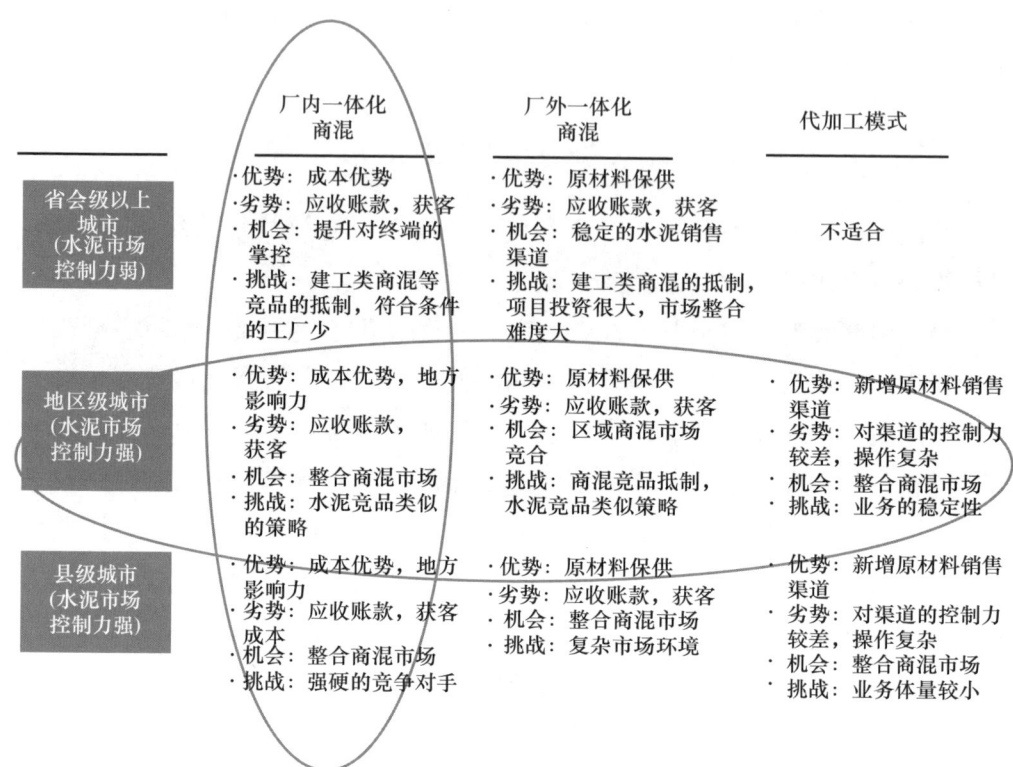

图 3-5　水泥一体化商混的三种模式在不同市场的优劣势分析

第二，新建商混站的牌照获取。现在许多城市的商混业务资质申请受限，申请新增商混业务牌照很难获得审批。

第三，商混项目策划和建设问题。水泥厂内一体化商混站的设计规划比普通商混站要复杂很多。水泥厂内一体化商混项目建设需要考虑现有水泥工厂物流、工厂土地规划、用水用电等实际条件，并对多业务的同时运营情况下，各类硬件和软件条件进行重新评估和规划，避免在未来项目实际运营过程中出现冲突。

第四，一体化商混站的运营风险。水泥业务前端的生产环节复杂，后端的发运、物流、销售和服务环节相对简单，风险较低。水泥工厂的员工注重生产和安全环节，但对后期服务不够重视。商混业务一般在晚上施工，对物流及时性等售后服务要求很高，超过一定时间商品混凝土就会变成废品。因此，商混业务风险大且采取质量终生负责制，一次严重事故就可能搞垮一家水泥企业。水泥工厂的员工转岗到商混站工作后，都会有短期的不适应，会抱怨在商混站工作强度高，反应及时性强，质量风险大。

第五，商混业务的应收账款问题。商混行业的应收款问题是关系企业生存的核心问题，而水泥一体化商混站普遍采用找经销商垫资的现金业务模式，造成渠道成本较高。

第六，水泥一体化竞合分步骤实施的问题。水泥、骨料和商混一体化市场竞合比单纯的水泥市场竞合更加复杂，它是一个错综复杂而且逐渐演变的过程，可能需要3～5年甚至更长的时间才能逐渐完成，而且不同阶段会遇到的问题不同。在这个过程中，中国水泥企业既要完成长期目标又要实现短期目标，既要迎接挑战，又要在实践中发现更多业务创新。

水泥一体化业务发展是水泥企业的整体战略转型，既要实施全新的业务布局和盈利模式，还要变革水泥企业的内部管理机制。现有水泥企业通常采用自上而下的强管控管理模式，而水泥一体化业务模式更复杂更贴近市场，需要自下而上的管理模式与之匹配。这部分内容会在后面章节中具体论述。

附加内容：水泥一体化商混站建成后重建一体化市场格局案例

案例一：某5000吨/天的水泥窑线距离某地级市25千米，该水泥工厂发展厂内一体化商混业务，并实现超低的商混成本，为当地商混市场带来极大的冲击，很快就占据了30%以上的商混市场份额。项目前期，水泥业务在主核心商混市场的份额大幅下降，且商混业务的价格较低，导致水泥厂一体化商混业务整体没有盈利甚至略微亏损；后期商混价格逐渐恢复，部分主核心商混市场的水泥销量也有恢复，水泥厂内一体化商混业务的盈利情况大幅改善。该厂2022年因水泥价格大幅下降导致水泥业务利润大幅下降，但是水泥厂内一体化商混业务因商混价格稳定而实现逆势盈利增长，成为其稳定业绩的主要基石，与集团其他同区域的水泥工厂相比盈利情况非常亮眼。

案例二：某5000吨/天的水泥工厂距离县城45千米，该工厂发展骨料业务并在县城附近建有一个水泥厂外一体化商混站，之后对县城所有商混站提供水泥＋骨料的代运营模式，实现商混市场格局稳定和价格稳定并且建成具有壁垒的水泥＋骨料的专营市场。

案例三：（青州模式）青州中联是中国联合水泥最早一批将商混站建设在水泥熟料基地的企业。2016年5月，骨料线建成之后，成功地构建形成了一

条"熟料—水泥—骨料—商混"产业链，同时也探索出了适用于自身的"一体化"经营模式。

2014年4月，从兄弟企业搬迁两条180商混生产线，进入了商混市场第一年就开发运作了20家重点客户。2016年5月，调整工作思路，明确了商混业务板块的核心地位。

2016年5月，公司新建骨料生产线正式投入运行，借助自身矿山资源（主要以废石料为主）生产商混骨料，降低商混成本约为30元/立方米。

商混销量从2016年6月开始提升至2万立方米/月，2016年年底商混销量20万立方米，实现了翻一番的目标。2016年高端商混用水泥销售80.6万吨，同比增长95%。

2022年青州中联产业链已基本健全，商混年生产能力150万立方米，熟料370万吨，水泥200万吨，骨料200万吨。

思考题

你所在的水泥工厂是否开展了水泥、骨料、商混一体化模式？在实际操作中一体化营销与单纯水泥营销有哪些区别，开展了哪些具体的举措？最终的一体化竞合格局是怎样的？此格局的建立需要经过哪些过程？

参考文献

[1] 于光民. 水泥企业一体化经营模式［EB/OL］. （2020-04-23）［2023-05-30］. https://www.gwyoo.com/lunwen/jingjilunwen/cyjjlw/201804/667002.html.

第四章 拐点后中国水泥企业的互联网机遇

第一节 水泥电商平台既是客户服务工具又是营销管理工具

过去20年，互联网以惊人的速度改变和颠覆了我们的生活。一大批互联网企业带领着这个时代向前飞奔，1999年2月互联网聊天软件QQ诞生，2003年5月互联网购物平台淘宝网成立，2011年1月微信平台发布，2016年9月抖音诞生，2020年9月北京健康宝诞生，一切来得太快了。

消费互联网平台完全改变了消费品市场的格局和规则，在上游生产厂商、流通行业、物流行业和信息服务行业的全产业链范围，包括产业格局、业务模式、强势头部企业排名、消费者体验和感受，都发生了不可逆转的根本性改变。

但是在传统行业包括建材、化工、能源、制造等，产业互联网平台给行业和市场带来的冲击和改变要温和很多。事实上水泥行业的头部企业一直在努力尝试应用电商平台和电商业务。例如：2011年中国建材成立了跨境电商"易单网"；2013年华新水泥推出自己的电商平台"华新商城"（图4-1）；2019年7月海螺水泥在海中贸易平台的基础上全面推行产销分离，销售业务全部并入海中贸易，且全部从电商平台下单；2020年海螺水泥成立安徽海慧物流供应链科技公司，规定要购买水泥必须与其签订合同，通过供应链平台采购。

但是时至今日各家水泥头部企业的电商平台，其功能仅能体现在电子业务订单系统和自动发货系统，与其他消费电商平台相比还有很大差距。水泥电商平台服务的客户大多不是终端水泥用户，而是经过水泥企业内部评审的

图 4-1　华新商城网页版

签约水泥经销商客户。客户在水泥电商平台下单购买水泥，并不是标准的线上购物体验，需要到相应的水泥工厂去现场提货，经过线下发运流程，花很长时间排队提货。水泥电商平台功能受限的原因很复杂，有销售"最后一公里"落地问题，也与水泥行业周期有关。2013—2015 年水泥企业重视电商销售和营销扁平化，以降低水泥销售渠道成本，其深层原因是当时水泥市场竞争非常激烈，水泥企业间价格战打到成本线以下；而到 2015 年以后，随着错峰生产等环保政策出台，水泥市场的供需矛盾被大大缓解，水泥企业利润大幅改善，水泥企业的运营重心逐渐转移到水泥价格维护、熟料产能置换和上下游一体化等方面；2022 年新冠疫情以后，水泥市场供需矛盾再度激化，水泥企业又出现水泥价格和利润大幅下滑的情况，利用互联网营销提高企业利润将再次成为各大水泥企业关注的重点。

一、水泥电商平台的应用成果和瓶颈问题

水泥企业电商平台的功能应用虽受到客观条件限制，但依然取得了很大成果。

（一）水泥电商平台在袋装水泥细分市场的应用

袋装水泥细分市场在应用水泥电商平台时，其主要瓶颈是"最后一公里"

问题难以解决。民用袋装水泥属于 B2C（企业对消费者）业务，其电商业务的"最后一公里"问题包括以下四个方面。

第一，袋装水泥并非单独采购，还要匹配其他产品。农村自建房用户需要袋装水泥、钢筋和砂石等组合产品，民用城市家装用户需要袋装水泥、瓷砖、陶粒等组合产品，都不会单独采购水泥，也无法单独安排水泥运输。

第二，袋装水泥退换货问题。民用工程项目从启动到完工需要多次水泥采购供货，而且项目结束前还有退货和补货等服务需求，因此水泥订单很难实现标准化。

第三，袋装水泥采购垫资问题。农村的自建房用户和城市的装修用户在水泥采购时都有垫资需求，接受先款后货的情况较少。

第四，水泥销售同业竞争问题。在某个区域内，民用门店之间是彼此竞争关系，选择任何一家作为主要水泥配送合作伙伴，都会受到其他家的抵制，关系很难平衡。

因此，水泥电商平台在民用袋装细分市场的主要服务客户是水泥经销商和建材门店。水泥电商平台取代了水泥经销商和建材门店原来的线下订货系统，但仍需自己去水泥工厂提货。对水泥终端用户来说，购买水泥依然要依靠传统线下销售渠道。

（二）水泥电商平台在散装水泥细分市场的应用

散装水泥细分市场在应用水泥电商平台时，也会面临较复杂的情况。散装水泥属于 B2B（企业对企业）业务，分为直销和经销两种模式。直销模式下终端用户与水泥厂商直接在网上交易，经销模式下水泥厂商与经销商进行网上交易。不同散装客户和其经销商的应收账款情况不同，其应收账款产生的水泥溢价不同，因此散装终端客户的水泥价格是个性化的，无法实现水泥厂商与终端用户之间的标准化订单。不同区域的散装客户的水泥区域价格不同，购买水泥需要经过客户评审流程和避免违流的管理流程。因此，散装水泥客户应用水泥电商平台时，很难实现方便快捷的注册开户，水泥价格公开透明。水泥销售账户的开户和价格审批依然要经过传统的营销审批流程。

（三）水泥电商平台的应用成果

当前各水泥企业电商平台的主要功能是把原本线下操作的水泥销售订单

管理流程，包括水泥客户开户、付款、下单、发货、收货和发票等环节转移到线上进行，服务对象主要是水泥企业的原有经销商和直销大客户。大部分终端水泥客户和零散水泥客户，依然不能通过水泥电商平台自由开户下单购买水泥。

水泥电商平台虽然只应用了部分功能，但是它提升了水泥企业对水泥客户的服务效率，提高了客户满意度和企业相关部门的工作效率，起到了非常大的积极作用。从客户的角度来看，其资金情况、水泥价格信息和水泥订单执行情况，都可以通过水泥电商平台随时查询，更加方便，避免了各种线下窗口服务造成的问题；从水泥企业内部来看，水泥电商平台不但节约了窗口服务人员，而且水泥客户的基本信息、所在区域、执行水泥价格、水泥销量、应收账款等情况都能够在系统中清晰显示且可追踪、可查询，提升了水泥营销管理水平。

二、水泥电商平台的协助营销管理功能

水泥电商平台不但有客户服务功能，还有协助营销管理功能。

（一）当水泥企业利润大幅下降的时候，电商平台和渠道扁平化重要性上升

为什么每当水泥企业利润大幅下降的时候，会更加关注水泥电商平台和水泥销售渠道扁平化？因为水泥企业可以通过水泥电商平台和物流平台，压缩水泥销售渠道成本和水泥物流成本。如果能够在渠道成本和物流成本中节约5元/吨，那么将产生千万元级别的利润贡献。

举例说明，水泥企业一般采用水泥出厂价模式（离岸价）销售，水泥终端到位价＝水泥出厂价＋渠道成本＋物流成本。水泥工厂销售半径一般为100～150千米，水泥运输距离平均值在70千米左右，以运费单价平均值0.6元/吨来计算，水泥运费平均值在42元/吨左右。另外，水泥销售一般是先款后货只收现金，因此大多数水泥用户需要垫付水泥货款，垫付资金回报最低要求为每年20%，如果水泥销售垫资按照平均周期三个月来计算，那么每一笔水泥业务的平均垫资费率是5%。水泥销售渠道费用除了垫资费用外，还包括人员费用、房租和其他杂费，终端门店会要求更高的零售利润以承担其较高的房租和人员工资费用。以水泥平均售价350元/吨为例，终端水泥到位

价格最低是 350 元/吨＋42 元/吨（运费）＋20 元/吨（渠道垫资利润）＋8 元/吨（其他费用）＝420 元/吨。以 200 万吨/年的生产线为例，每年产生的营销渠道费用和物流费用至少在 200 万吨×（20＋42＋8）元/吨＝1.4 亿元以上，而水泥工厂全年利润正常水平只有 1 亿~1.5 亿元（单吨利润为 50~70 元）。

另外，回顾前文第二章中水泥营销基本原理：水泥的交付成本是水泥营销的核心竞争力，水泥交付成本＝水泥生产成本（变动＋固定）＋运费＋渠道成本＋销售人员成本－品牌溢价。其中，生产成本优化比较困难，品牌溢价短期内很难实现，而渠道成本和物流成本的优化相对容易，通常成为优化重点。尤其当水泥企业因为价格大幅下降而产生利润亏损时，水泥渠道经销商和物流商的盈利可以不受影响，甚至利润很高，所以优化水泥渠道成本和水泥物流成本更被重视。

（二）电商平台可以开发水泥营销管理功能模块

水泥电商平台可以开发一些功能模块，帮助控制水泥销售渠道成本和水泥物流成本。但是这些功能模块作为水泥营销管理工具不适宜单独使用，需要和其他水泥营销管理工具一起整合应用，才能获得更好的效果。这些水泥营销管理工具包括以下几种。

第一，开放式渠道和封闭式渠道。水泥销售渠道大体上可以分为开放式渠道和封闭式渠道两种模式，两种渠道模式各有利弊。开放式渠道是指水泥企业在销售水泥时对某市场区域内的所有水泥客户采取开放态度且一视同仁。所有水泥客户得到的水泥销售价格和其他政策相同，不约束水泥客户之间在市场的互相竞争。开放式渠道鼓励水泥客户间竞争，因此水泥渠道客户利润相对较低，主动开拓市场的意愿不强，客户忠诚度较低。封闭式渠道是指水泥企业在某区域销售水泥，由指定水泥客户或者经销商专营，其他客户在此区域购买水泥只能从专营经销商手里拿货，水泥专营经销商得到区域代理权同时对水泥企业承担一定的水泥销量义务。封闭式渠道对水泥经销商进行保护，水泥渠道客户利润相对较高，有主动开拓市场的意愿，客户忠诚度较高。水泥电商平台可以适应两种不同的渠道，但是不同渠道模式下水泥电商平台对客户的管理规则不同。开放式渠道与水泥电商平台的匹配度最高，封闭式渠道也可以通过水泥电商平台进行渠道客户保护，并对渠道总利润和交易总成本进行控制。

第二，水泥电商分销系统。在水泥封闭式渠道管理模式下，只有水泥一级区域经销商接入水泥电商平台，其下的二级经销商和建材门店都没有接入平台。水泥企业无法了解水泥渠道的完整内部结构和销售运行情况，渠道管理功能很难全部实现。水泥电商分销系统针对这类情况，定制了分销管理系统功能，水泥一级经销商和水泥二级经销商都可以接入电商平台下单，实现水泥渠道的深层运行管理，同时帮助水泥一级经销商提高内部管理效率。但是水泥电商分销系统在实际执行中也面临一些困难：水泥一级经销商之下的水泥二级客户类型较多，既有建材门店客户又有工程客户，既有分销客户又有直销客户，不同客户的垫资状况和利润溢价不同，且水泥一级经销商不愿意把其所有业务都透明化。因此，水泥电商分销系统在渠道推广过程中会遇到较大的阻力，只有在水泥一级与二级经销商之间业务类型比较简单和统一的情况下，水泥电商分销系统才能达到最佳效果。

第三，水泥市场指导价。水泥营销最重要的任务之一就是维护市场格局的稳定。但是不透明的水泥价格会造成很多问题，比如水泥市场信息不准确和水泥价格决策失误，这些问题甚至有可能引发水泥价格战。具有一定透明度的水泥市场价格，能够减少水泥价格的决策失误，更加容易达成水泥市场格局的稳定。水泥电商平台可以公开水泥企业的价格水平。针对不同水泥区域市场，设置公开的水泥市场现金价。

第四，控制渠道利润。水泥竞品间需要相对明确的对标价格原则，作为水泥企业高层的营销决策依据，同时对水泥渠道利润实行有效管控。根据水泥客户管理制度，水泥企业的老客户和销量大客户，可以在水泥公开现金指导价的基础上，再享受一定的优惠折扣。水泥公开现金指导价与核心客户渠道折扣结合，可以作为新的水泥渠道利润的管控工具。

第五，半开放渠道模式。对水泥区域专营经销商的管理是水泥渠道管理的难点。水泥区域专营经销商一般实力较强，在当地具有较大的自主权，容易出现强力买家的被动局面。利用电商平台来管理水泥区域专营经销商是新的水泥渠道管理思路。如果水泥区域专营经销商业绩不符合预期，那么可以适当地调低水泥公开现金指导价，减少对水泥区域专营经销商的政策保护，形成半开放渠道模式吸引水泥市场其他有实力的经销商参与。

第六，拖车为"中转库＋托盘"。水泥销售普遍采用出厂价销售，但是不同水泥县级市场格局不同，水泥价格不同，水泥价差甚至达到40元/吨以上。

这种情况会引发各类问题，例如在水泥主核心市场的违流压力；在水泥交叉区域市场，距离很近的两个客户水泥价格差异大，造成客户满意度低等。因此，在距离水泥工厂较远的区域，建议采用民用拖车"中转库＋托盘"的模式，即通过水泥电商平台，把水泥销售点前移，实行统一水泥到岸价销售。这样可以有效解决低价水泥违流、水泥搬运、水泥物流标准化等一系列问题。

三、不同水泥区域市场定位下的电商方案

在水泥工厂销售半径内可以分为水泥主核心市场、主市场、调剂市场。不同水泥区域市场定位下的水泥运距不同，水泥营销目标不同，水泥营销策略也不同。水泥电商平台的营销管理功能，可以与之相结合发挥更好的作用（表4-1）。

表4-1 不同水泥区域市场定位下的电商解决方案

市场类型	市场区域特征	营销策略	电商工具作用
主核心市场	・位置：距离水泥工厂30千米范围内 ・销量占比：30％～40％ ・市场份额：获取尽可能多的市场份额 ・利润：尽可能多地获取利润	・渠道模式：开放式渠道 ・市场动能：以市场拉力为主 ・客户数量：较多 ・品牌溢价：较高 ・物流特点：低吨位小车为主	"电商客户开放平台＋市场指导价"
主市场	・位置：距离水泥工厂100～30千米范围 ・销量占比：50％～60％ ・市场份额：比较优势份额 ・利润：优化水泥交付成本，获取比较优势	・渠道模式：建议封闭渠道 ・客户数量：几个，不独家 ・品牌溢价：一般 ・物流特点：中型吨位车辆，大吨位回头车	"电商客户分销系统＋市场指导价＋渠道折扣"
调剂市场	・位置：100千米以外 ・销量：10％～20％ ・市场份额：维持市场存在感 ・利润：长期利润是正贡献	・渠道模式：封闭渠道 ・客户数量：不宜太多 ・品牌溢价：较低 ・物流特点：大型吨位车辆，回头车	民用拖车"中转库＋托盘"到岸价销售商混渠道折扣

（一）水泥主核心市场

水泥主核心市场一般距离水泥工厂 30 千米范围内，水泥销量占比在 30％左右。水泥主核心市场的主要营销任务是获取利润，最大化水泥市场份额和最大化利润。

水泥主核心市场的营销策略是以市场拉力为主，建立品牌溢价，采用注重水泥客户数量的开放式渠道策略，压缩水泥渠道利润，让利于终端水泥用户。

水泥电商平台功能方面，水泥主核心市场建议采用"电商平台开放式客户管理＋市场指导价"。其优点是在水泥主核心市场实行水泥开放式渠道策略，水泥客户规模较小和厂家直接签约，水泥渠道利润低，形成水泥主核心市场的动态渠道壁垒。在水泥开放式渠道模式下，竞品水泥入侵水泥主核心市场，必须提供更低的水泥价格和更大的让利，大幅提高渠道利润，才能抢夺水泥小客户。但是水泥小客户对竞品的忠诚度不高，当竞品水泥价格失去优势时，水泥小客户很容易转换回来。不建议在水泥主核心市场实行水泥封闭式渠道策略。因为水泥代理商层级多、渠道成本高，水泥小客户不直接和厂家签约，形成水泥主核心市场的垫资模式渠道壁垒。在水泥封闭式渠道模式下，竞品水泥入侵主核心市场，不需要很大的水泥降价和让利，只需寻找与竞品水泥有合作意向的二级代理商，直接签约成为一级代理商。

（二）水泥主市场

一般距离水泥工厂 30～100 千米，水泥销量占比 50％～60％。水泥主市场的主要营销任务是获取水泥销量，需要平衡水泥市场份额和水泥价格，保持水泥工厂产销平衡和企业利润，并在竞合博弈中获得比较优势。

水泥主市场的营销策略是市场拉力与市场推力相结合，获取优质水泥客户。因为在水泥主市场，我方与竞争对手的竞争力大体相当。水泥主市场内水泥客户不可能全部成为我方的客户，我方要主动选择互相匹配的水泥优质客户，并设置必要的水泥客户保护措施，防止水泥客户"变异"。同时，在水泥主市场需要维持一定的水泥渠道数量，渠道数量太少会导致市场控制力下降和渠道成本升高。通过匹配优质客户和水泥品牌影响力，实现水泥主市场的营销比较优势。

水泥电商平台功能方面，在水泥主市场建议采用"水泥市场指导价＋渠道折扣＋水泥分销系统"，做到渠道管控和渠道支持相结合。

（三）水泥调剂市场

水泥调剂市场一般距离水泥工厂 100 千米以上，水泥销量占比 10%～20%。水泥调剂市场的主要任务是水泥产销平衡，企业利润处于次要地位。另外，必须维护一定数量的长期客户，即使是在水泥市场需求旺季，水泥调剂市场缺货状态，也要把长期客户维护住，不能断供水泥。

水泥调剂市场的营销策略是以市场推力为主。因为我方在水泥调剂市场的市场份额小，品牌影响力较弱，需要选择有一定渠道实力的长期客户。但水泥渠道数量不宜太多，因为水泥渠道数量太多会导致内部竞争，降低水泥客户忠诚度，而且增加水泥市场旺季的保供难度。

水泥电商平台功能方面，在水泥调剂市场的民用细分市场，建议采用拖车"中转库＋托盘"的方案，降低水泥物流成本和搬运成本，实现水泥销售点前移。另外，商混细分市场建议采用"物流商＋经销商"渠道模式，并采用"水泥市场指导价＋渠道折扣"的方案，给予水泥渠道价格保护。

附加内容：不同水泥区域市场定位下的物流方案

电商和物流是无法分开的两个部分，优质的电商平台必然需要较强物流能力的支持。水泥销售的物流成本在不同地区有很大差异，降低水泥物流运费能够为水泥企业带来很大的利润回报，因此必须要非常重视。但是为什么一些地区的水泥物流成本较高，而另外一些地区的水泥物流成本较低呢？如何找到降低水泥物流成本的方法呢？

我们从物流的基本规律入手分析，推导出与水泥物流相关的两种物流运输方案：

物流成本＝车辆分摊（每月还贷）＋油费＋人员成本＋其他成本

物流运费收入＝运距×运输吨位×单吨费用

（一）近距离水泥物流运输方案：低成本低收益

物流运输成本较低。运输车辆的吨位较小，运输车辆采购成本低，每月买车贷款月供较低，同时近距离运输花费的时间短，物流司机可以兼职。

物流收入较低。运输距短，运输吨位低，一般小车运输一车的起步价为 300～500 元。如果不考虑单吨费用，近距离运输收入与远距离运输收入的差距是平方关系。

水泥渠道在解决近距离运输问题时，通常采用老板本人负责运输和销售的模式。

（二）远距离水泥物流运输方案：高成本高收益

物流成本较高，选择吨位较大的运输车辆，运输车辆采购成本大，每月买车贷款月供高，同时远距离运输花费的时间长，物流司机必须专职。

物流收入高，通常平板车运输一车要1500元以上。

水泥渠道在解决远距离运输问题时通常采用聘请专业运输队的模式。

（三）其他影响物流成本的关键因素：回头车

回头车一般是指较大吨位车辆在远距离运输的回程时，顺路带货，运费价格相对较低。

水泥工厂的发运效率对物流人员成本和物流收入影响很大，发运效率低会造成物流成本的增加和物流收入的降低，并且对近距离运输的影响更大。

把上述两种物流运输方案与不同水泥市场区域定位特点结合就可以得到以下水泥物流运输方案。

（四）水泥主核心市场物流方案：小吨位短途运输

水泥主核心市场的水泥物流方案是小吨位车辆短途运输，一般不会使用专业的运输公司，运输成本低，运输收入也低，水泥运输与水泥贸易需要一起做。专门做短途运输的司机非常看重水泥工厂的发运效率，如果发运效率高，那么一天可以跑两个来回以上。

水泥主核心市场对小吨位车辆采取价格保护，可以增加竞品入侵主核心市场的难度，增加竞品入侵时的运费成本。

水泥主核心市场如果能形成以小吨位运输车辆为主导的物流环境，就可以形成水泥主核心市场的物流壁垒。

（五）水泥主市场物流方案：混合模式

水泥主市场的物流方案比较复杂，既有大型车辆又有小型车辆，既有"水泥运输＋贸易"模式，又有分开单独运输和单独贸易模式。

水泥主市场的物流关键指标是物流费率，评估标准是与竞争对手相比是否具有优势。降低水泥主市场物流运费的重要举措是利用好回头车资源。

水泥主市场如果采用封闭式渠道模式，则会导致水泥物流运输缺乏竞争，物流费率较高，而若采取开放式渠道，则物流费率会大大降低。封闭式渠道模式下水泥销售渠道成本优化措施和物流成本降低措施不能各自孤立，要整合实施。

（六）水泥调剂市场物流方案：大吨位长途运输

水泥调剂市场的物流方案是大吨位车辆长途运输，运输成本高，运费也高，所以一般采用物流公司模式。

水泥调剂市场的销售渠道建议采用"物流商＋渠道商"的模式。要想有效开展水泥调剂市场销售业务，就必须找到回头车资源。

水泥调剂市场的民用细分市场采用"拖车＋托盘＋中转库"的模式，既能够很好地降低水泥物流成本，又可以有效防止违流发生，值得推荐。

（七）探讨水泥物流统一平台方案

有些水泥企业尝试开展水泥物流统一平台的配送业务。仅从水泥营销的角度看，笔者并不支持这种做法。水泥物流优化方案的最终目的是降低物流成本，不同水泥区域市场的定位不同，适合的水泥物流方案也不同。如果现有物流方案的物流成本已经较低了，就不需要再做很大改动，只需要针对水泥物流费率较高的地区采取一些改进措施。

思考题

（1）你所在水泥企业营销片区如何应用水泥电商平台实现渠道成本的优化？

（2）你所在水泥企业营销片区在应用水泥电商平台的时候，从客户的角度分析最大的收获是什么？

参考文献

[1] 孙志武．孙志武：互联网＋水泥——水泥现货电商［EB/OL］．（2015-04-17）［2023-05-18］．https：//www.ccement.com/news/content/7905456907404.html．

[2] 搜狐网．水泥电商来了！海螺、华新、中建材、金隅冀东纷纷试水［EB/OL］．（2017-10-11）［2023-05-18］．http：//mt.sohu.com/20171011/n517064894.shtml．

第二节　水泥行业的产业互联网平台机遇在于突破现有思维框架

中国水泥行业有没有向产业互联网平台方面的发展机会？如果有，机会在哪里？该如何开始？风险怎样？回报如何？我们可以先盘点现有中国水泥建材行业相关的互联网公司，它们主要包括以下三类：

第一，建材市场信息和新闻类的综合网站，包括中国水泥网、数字水泥网和水泥人网等。

第二，新兴的提供家装整体解决方案的互联网公司，包括齐家网（2018年在香港上市）和土巴兔等。

第三，家装辅材互联网平台，包括掌上辅材、小胖熊、工头帮和东方建材等。

走出中国水泥行业，去考察和学习，我们发现中国钢铁行业互联网平台在所有传统资源型产业互联网平台中，发展最快且已经初具规模，如欧冶云商股份有限公司（以下简称欧冶云商）、上海钢联电子商务股份有限公司（以下简称上海钢联）和找钢网等。其他行业如化工、有色金属、煤炭等的产业互联网平台的发展落后于钢铁互联网平台，其发展程度各有不同。

一、互联网平台所遵循的一般规律

要深入分析水泥行业产业互联网市场机会，就必须先了解互联网平台的一般规律。什么是互联网平台呢？简单说，互联网平台就是一个线上场所，买卖双方可以在这个场所进行交易。

（一）互联网平台的三个核心特质

互联网平台上有两个角色，供应商（供给侧）和客户（需求侧）。客户可以是消费者，也可以是厂商。

互联网平台的使用者在互动过程中会产生新的价值。比如，外卖平台上更多的商户会吸引更多的用户，更多的用户会吸引更多的商户。

互联网平台具备进入和退出的壁垒。互联网行业的著名公式是产品价值

=（新体验－旧体验）－迁移成本。这个公式更加具象和量化出产品的护城河和壁垒，新体验指的是进入壁垒，迁移成本则指退出壁垒。

（二）互联网平台适用的经济学效应

互联网平台主要具备四种经济学效应，分别是规模效应、协同效应、网络效应、双边市场效应。

规模效应是指前期固定成本较高，而后期变动成本较低，因此业务规模越大分摊到每单位商品上的固定成本越低，收益越大。互联网平台的后期边际成本可以无限趋近于零。

协同效应源于品种增加所带来的收入。在互联网行业竞争中，经常被提到的一个打法是"高频打低频"，不可替代产品打可替代产品，因此许多互联网平台聚合了非常丰富的业务，以使自身应用程序（Application，App）被高频打开，比如美团 App，不但有到店业务，还有外卖、酒店民宿、票务业务等。

网络效应也叫"梅特卡夫效应"，互联网公司的理论市场价值与网络节点数的平方成正比。网络的实际市场价值取决于用户之间互动的活跃程度、互动产生的交易，以及互联网公司从互动和交易中获得的收益。具备网络效应的典型代表是社交平台，比如微信。

双边市场效应来源于不同类型用户之间正反馈交互所创造的价值。双边市场效应的典型代表是交易平台，比如淘宝、手机天猫。

二、中国钢铁行业产业互联网平台的经验分析

上述互联网平台的概念和规律比较抽象和理论化，下面通过分析中国钢铁行业产业互联网平台的案例，来进一步理解互联网平台的运行逻辑。

中国钢铁行业是中国传统行业中产业互联网平台做得最好的。到 2019 年，钢材线上平台销量已经达到 1.6 亿吨，接近钢铁贸易市场份额的 13% 左右，已经有一家平台上市企业，有两家平台公司正在申请首次公开募股，钢铁行业的龙头企业中国宝武钢铁集团有限公司（以下简称宝武集团）已经把营销业务转移到线上平台欧冶云商来运营。

（一）中国钢铁行业产业互联网平台的发展历程

现在中国钢铁行业产业互联网平台已经成为连接钢铁行业所有厂商和各

类型客户的独立第三方平台，其业务范围包括撮合交易、物流仓储服务、资金服务、钢铁加工服务等领域。

中国钢铁行业产业互联网最早的平台公司之一找钢网成立于2012年。项目最初的背景是某大型钢贸企业的内部营销运营管理系统。该系统由找钢网的前期核心团队来承接，系统的主要功能是：方便管理和优化多种类的钢企产品和多级渠道之间的复杂贸易销售业务。此系统成功上线运行之后，找钢网团队发现了其中商机，把钢贸企业的内部管理系统对外开放，成为服务整个钢铁行业贸易的独立第三方运营管理系统。之后很多钢铁企业纷纷效仿，建立自己的电商销售平台，而其中宝武集团的电商业务最成功。宝武集团参考了找钢网和其他钢企电商平台经验，不但把自身业务全部转移到线上，而且其电商平台进一步开放，成为服务整个钢铁行业的第三方互联网服务平台，即欧冶云商。

中国钢铁行业产业互联网平台发展历程包括四个阶段。

其一，孵化阶段，从营销应用场景的实际需求出发，开发一个内部营销管理系统。

其二，产品和模式基本成形阶段，内部营销管理系统发展成为对外服务全钢铁行业的产业互联网平台。

其三，竞争和发展阶段，具有行业强势地位的宝武集团，抓住这个机遇在此领域快速发展，赢得竞争优势。

其四，模式成熟和利润变现阶段，利用应用场景中巨大的客户交易量，整合其他行业的相关业务。就像当当网最先是主营图书销售，钢铁行业产业互联网也是可以销售水泥等其他建材的。

（二）中国钢铁行业产业互联网平台成功的内在原因

为什么中国钢铁行业能够催生出产业互联网平台，因为中国钢铁行业匹配产业互联网平台发展的四种经济学效应。

第一种：中国钢铁行业产业互联网具有强规模效应。中国钢铁行业有万亿元级别的市场，市场规模足够大，交易场景内买家和卖家以及相关产品结构足够复杂。

第二种：中国钢铁行业产业互联网具有协同效应。中国钢铁行业属于国家控制的资源型行业，产能相对比较集中，中国钢铁企业在交易场景中作为卖家处于强势地位。中国钢铁销售过程涵盖很多细分市场场景，如房地产建材采购细分市场，基建项目建材采购细分市场等。钢材终端用户购买的建材产品非常多，除了钢材作为主材之外，还包括水泥、混凝土、玻璃和种类繁多的建筑辅材产品。因此后续还可以利用钢材作为建筑主材的强势地位，在钢铁行业产业互联网平台上，销售其他品类的建材产品。

第三种：中国钢铁行业产业互联网具有网络效应。中国钢铁企业的产品复杂，生产几百上千种钢材产品和加工后的钢制品；中国钢铁销售渠道也复杂，钢贸企业有几千上万家，渠道层次多，网络覆盖全国，分布非常复杂。以前不同钢铁企业的钢材价格信息不透明，同一钢材品牌不同批次产品的价格也有差异，造成市场渠道层级多、价格乱、生产预估不准确等问题。

第四种：中国钢铁行业产业互联网具有双边市场效应。中国钢铁行业产业互联网平台的业务流量达到一定规模后，具有极强的双边虹吸效应。一方面，更加透明的钢材市场价格和规范的市场环境，成为钢材市场的刚需，原先混乱的渠道环境一去不返；另一方面，越是确定和清晰的市场需求，越能够有效指导钢铁企业的产能排产和不同产品种类的准确预估。

中国钢铁行业产业互联网平台各有特点。欧冶云商具有较强的协同效应优势和双边市场效应优势，但是网络效应优势较弱（更加偏重于宝武集团）；找钢网和上海钢联有网络效应优势，但是在协同效应和双边效应方面优势较弱（图4-2、图4-3）。

三、中国水泥行业未来产业互联网平台的发展机会和应用场景

（一）中国水泥行业产业互联网平台的市场机会

总结以上中国钢铁行业产业互联网平台的发展逻辑，尤其是宝武集团发展产业互联网平台的轨迹，初步预判中国水泥行业产业互联网平台的市场机会，可以分为以下三个步骤。

首先，根据产业互联网平台的四种经济效应进行分析，判断未来中国水泥行业横向覆盖全水泥行业的互联网平台发展机会。

图 4-2　欧冶商城 App　　　　图 4-3　找钢网 App

其次，根据现有中国水泥相关细分市场分类，判断未来中国水泥行业纵向的基于水泥细分市场应用场景的互联网平台发展机会。然后分析在这些水泥细分市场应用场景中，哪些机会下水泥产品处于弱势地位，哪些机会下水泥产品处于强势地位。

最后，效仿宝武集团发展产业互联网平台的轨迹，先选择水泥产品强势应用场景，再寻找该应用场景中已经初步成功的互联网平台案例，然后做低成本跟随者及时参与，最终结合水泥行业自身优势和新业务发展规划，发现适合水泥行业的产业互联网平台发展之路。

（二）中国水泥行业的横向产业互联网平台市场机会

首先判断中国水泥行业是否存在类似于钢铁行业的产业互联网平台市场机会。

在规模效应方面，水泥行业市场规模在 5000 亿元以上，具备规模效应。

在协同效应方面，与钢铁行业类似，水泥行业具有一定协同效应。

在网络效应方面，水泥行业的销售半径一般在 100 千米或者 150 千米以内，产品品种不多，区域范围内厂家较少，网络效应不明显，水泥行业内销售网络一般是区域型的，只有在沿江或者沿海地区才会有横跨地域较广的销售网络。

在双边市场效应方面，与水泥行业的网络效应类似，也不明显。

因此初步的分析结论是，中国水泥行业通常情况下不会有类似于中国钢铁行业的覆盖全行业的产业互联网平台市场机会。也许在沿江或者沿海存在局部机会，但沿江、沿海水泥水运市场非常复杂，需要进一步进行协同效应分析。

（三）中国水泥行业的纵向产业互联网平台市场机会

中国水泥行业虽然在横向覆盖整个水泥行业的产业互联网平台方面市场机会不大，但是有没有纵向基于水泥细分市场应用场景的互联网平台市场机会呢？要回答这个问题，首先要回答另外几个问题：中国水泥细分市场主要应用场景有哪些？针对现有中国水泥细分市场应用场景有没有已经存在的互联网平台公司？水泥产品在此应用场景下是否属于具有协同效应的强势产品，是否可以通过水泥业务整合此应用场景下的其他产品业务？

中国水泥细分市场的应用场景主要包括：商混细分市场、重点项目细分市场、房地产及市政工程细分市场、一般工程细分市场、农村民用细分市场、城市家装细分市场。各水泥细分市场中的互联网平台公司现状和水泥产品的强势产品程度分析是：

商混细分市场：目前还没有出现产业互联网平台，所以暂不考虑；

重点项目细分市场：目前有重点工程的政府采购平台，但是水泥产品并不是其中的强势产品；

房地产及市政类建筑工程细分市场：已经有钢铁行业产业互联网平台，水泥产品与其相比并非强势产品；

一般工程细分市场：没有机会；

农村民用细分市场：目前没有产业互联网平台，但是存在机会；

城市家装细分市场：已经有产业互联网平台，且水泥产品属于强势产品，存在机会。

根据以上分析，我们可以将中国水泥行业互联网平台机会，进一步聚焦到农村民用细分市场和家装细分市场中来。

四、中国水泥企业在家装辅材互联网营销平台的机会

（一）中国家装辅材互联网营销平台存在巨大的市场机遇

为什么中国家装辅材市场成为实现中国建材互联网营销平台应用场景的重要细分市场？

有人预言，日常生活四件事"衣食住行"，每一个领域都会存在一个巨大的互联网平台市场，现在"衣"方面有淘宝、唯品会等，"住"方面有携程旅行、去哪儿网等，"吃"方面有美团、大众点评等。

中国家装市场体量足够大。据统计，2020年中国家装市场规模在3.5万亿元左右，且每年还有11%的增长，其中中国家装建材市场规模就达约1万亿元（中国互联网家装市场规模为3000亿元），每年增长约5%；中国家装建材分为主材和辅材部分，辅材部分（大约有1000亿元的市场规模）分为瓦工、木工、电工、水工部分，其中水泥需求每年大约0.5亿~0.8亿吨（大约200亿元的市场规模）。

各种家装辅材互联网营销平台在北京以及沿海发达城市快速发展，例如掌上辅材已经在北京、上海、广州、深圳等18个城市开拓业务，包括8个品类和上万个品种的商品，销售收入已经达到几亿元（图4-4）。

在家装辅材互联网营销平台所销售的品类包括"水""电""木""瓦""油""工具"等六大类。

"水"包括水管、接头、辅料和管材等；

"电"包括电线、管材、接线部件等；

"木"包括各类石膏板材、龙骨、配件等；

"瓦"包括水泥、砂石、瓷砖胶、腻子

图4-4 掌上辅材App

粉等；

"油"包括油漆和涂料等。

(二) 中国水泥企业在中国家装辅材互联网营销平台具有强势地位

中国家装辅材细分市场的产品大多数生产工艺并不复杂，利润率较高，少量品类有强势品牌但比较容易被替代，只有资源型产品如水泥、砂石等不但销量占比大而且很难被替代。另外，许多家装辅材产品包括砂浆、瓷砖胶、腻子粉、防水、陶粒、砖等产品也可以由水泥工厂附带生产，与水泥企业具有较强的协同效应。

中国水泥企业在家装辅材市场具有强势地位和竞争优势，其理由如下几个方面。

中国家装辅材市场属于地域分散型市场而非全国统一大市场，因此每个重点城市都可以形成相对独立的区域市场。中国家装辅材市场与水泥产品具有较强的协同效应，尤其在某些地区当地已经存在强势家装水泥品牌，其市场占比达到70%以上，品牌溢价很高，具备市场垄断力。

中国水泥企业产能巨大，企业实力强，水泥家装细分市场的销量在水泥工厂总销量中的占比很小。在家装辅材细分市场，水泥产品具有较强的不可替代性。而其他家装辅材企业产能小，企业实力弱，其产品可替代性强。

容易形成网络效应，中国水泥企业通过家装水泥可以迅速与区域内大部分家装公司建立网络联系。

较强的双边市场效应，中国家装辅材互联网营销平台能够帮助中小家装公司大幅节约采购成本。平台上的产品越丰富，对中小家装公司的吸引力越强，同时中小家装公司在平台上的交易量越大，越要求平台能够提供更多的质优价廉产品，这样越有利于水泥企业开发其他优质的家装辅材产品。

虽然中国水泥企业进入家装辅材市场对原有家装水泥的销量影响不大，但是能够带动水泥制品新业务的发展，包括民用砂浆、瓷砖胶、腻子粉、防水材料等。

(三) 中国水泥企业拓展家装辅材互联网营销平台市场的操作模式

中国水泥企业进军中国家装辅材互联网营销平台市场，主要有两种操作模式。

1. 中国水泥企业自建自营家装辅材互联网营销平台

中国水泥企业自建家装辅材互联网营销平台系统，可以利用现有水泥电商系统改造实现。系统改造项目没有很高的技术壁垒，而且资金投入不大。系统改造项目资金投入主要包括：平台建设成本、物流仓储成本、流量营销成本。中国水泥企业自建家装辅材互联网营销平台与其他家装辅材互联网平台相比，具有很强的竞争优势。中国水泥企业运营家装辅材平台的主要优势是流量花费不大，可以导流现有家装水泥终端用户来实现。而中国现有家装辅材互联网营销平台的引流成本非常高，每年都需要花费上亿元的引流成本。中国水泥企业运营家装辅材平台的主要劣势是缺乏成熟的互联网运营经验，但是可以招募部分家装辅材互联网营销平台的人才，先模仿再优化，逐步改善这部分劣势。

2. 中国水泥企业与现有家装辅材互联网营销平台合作

中国现有家装辅材互联网营销平台是以核心城市为基础的营销平台，它们的优势在于互联网的基础平台建设和较成熟的平台运营模式，劣势在于流量获取和产品生产能力。中国水泥企业的优势在于流量获取和产品生产能力，劣势在于平台搭建和平台运营。因此双方优劣势正好互补，合作发展是更好的模式。

中国水泥企业根据自身的覆盖区域，选择有机会的城市与家装辅材互联网营销平台建立合资公司共同发展。

这种模式可以进一步降低项目的资金投入，项目投资风险更小，成功概率更大，只是项目回报略低于前一种模式。

（四）家装辅材互联网营销平台是中国水泥企业拓展水泥制品新业务的最佳途径

中国水泥市场进入萎缩期，面临水泥销售收入和利润的不断下滑。中国水泥行业头部企业都是产能大、实力强的大型国营企业，因此竞合博弈非常激烈。砂浆、瓷砖胶、腻子粉、防水材料等新业务方向的市场机会大，生产工艺简单，市场进入门槛低，竞争对手相对较弱。但是这些水泥制品行业与水泥行业的运营模式有很大差别，其行业成功的关键在于营销环节而非生产环节，其业务发展模式首先要解决营销问题（可以先销售OEM代加工产品甚至代理销售现有品牌产品），等到销售渠道和销售团队成熟后，再解决生产问题。中国水泥工厂现有资源和生产技术能力，完全能够生产出高质量的产品。在实际案例中，一些水泥企业在发展砂浆、腻子粉、瓷砖胶等新业务的时候，依然沿用原水泥业务先生产再销售的模式，导致新业务发展不理想。

家装辅材互联网营销平台是中国水泥企业推进水泥制品新业务的最佳模式和渠道。主要包括以下三个步骤。

第一步，通过家装水泥和家装辅材互联网营销平台与终端的家装公司客户建立联系，把家装水泥作为流量产品但不追求利润，以建立互联网平台客户网络。

第二步，在家装辅材互联网平台上代理销售现有市场口碑较好的水、电、木、瓦类产品，提升客单价，完成互联网平台的闭环运营。

第三步，利用现有的生产技术和资源，水泥企业在保障产品质量的基础上自己生产各类水泥制品，并在家装辅材互联网平台上逐步替换代理的其他品牌产品。

中国水泥企业利用家装辅材互联网营销平台发展水泥制品新业务的模式，不但可以提升企业销售收入和企业利润，还能够大大提升现有水泥股份制企业的市场估值。因为水泥行业属于传统行业，水泥业务的市盈率估值较低，而互联网和水泥制品新业务在资本市场的估值要高得多。比如，防水行业的著名企业——东方雨虹，其2022年底只有300亿元左右的年销售额，但是其股票市值达到800多亿元，其市盈率是水泥企业的2倍多。

五、中国水泥企业在农村建材超市互联网平台的机会

（一）中国农村建材细分市场与中国家装辅材细分市场情况类似

中国农村中小工程和农村自建房水泥细分市场是另外一个互联网平台机会。这个细分市场的特点与中国家装辅材细分市场的情况类似：中国水泥企业在县城和地级市范围内可以得到政府的大力支持，具有地域上的优势；在建材物料采购场景中，水泥、砂石等产品的销售占比大且不可替代，能够主导农村建材超市的互联网场景；能够整合在农村建材超市互联网场景中的其他产品，并延伸到其他水泥制品新业务。

(二）中国水泥企业做农村建材超市互联网平台有巨大的优势，也有线下场景案例

虽然中国农村建材超市应用场景还没有形成成熟的互联网应用平台公司，但是在实际案例中，一些农村地县级城市周边已经有一些农村建材超市，里面销售农村自建房和小建筑工地所需的相关建材物料和工具，包括水泥、砂石、钢筋、角钢、涂料、油漆等产品。有些农村建材超市也有自己的线上商城和应用小程序。在国外的水泥营销案例中，也有许多水泥工厂在距离较远的地方建立自营建材超市（图4-5）。

水泥工厂做农村建材超市平台再配合袋装水泥的托盘项目，相当于把水泥销售点前移到核心市场附近（图4-6）。中国水泥企业做建材超市也有如下六点明显的优势：

第一，可以利用现有水泥产品销售渠道和客户，并增加客户黏性；

第二，部分新产品如砂石、瓷砖胶、砖等可以由水泥工厂附带生产；

第三，对现有建材门店渠道客户来讲，建立一个集中的仓库，在网上选择产品下单，既减少了备货占用的资金成本，又增加了现有销售渠道的产品品种；

第四，对终端用户来讲，不用到很多家店铺多次采购，多次运输，且质量更有保障；

第五，农村建材超市对所需的产品进行统一采购，严格把关质量，统一配送，进一步降低成本；

图4-5　国外建材超市展示

图4-6　一站式建材集散中心展示图

第六，农村建材超市可以采用"互联网平台＋加盟"的模式进行标准化经营，进一步开展轻资产运营，加盟费也是一笔不小的收入。

与中国水泥企业做家装辅材互联网营销平台相比，农村建材超市互联网平台项目属于新生的事物，需要水泥企业去探索业务模式和解决模式中存在的问题，而家装辅材平台已经有成熟的运营经验可以直接借鉴。

附加内容：中国水泥企业在沿江和沿海区域的互联网销售平台机会

互联网平台应用场景适合产品端复杂且客户端复杂的多对多应用场景，并且要求商品采取标准化交付方式。但是，水泥销售在大多数情况下无法满足多对多的互联网业务场景要求。比如，水泥产品主要包括P·C32.5、P·C42.5和P·O42.5等几个品种，水泥销售半径一般在150千米以内，水泥客户可选择的品牌并不多。

水泥和熟料销售只有在中国沿江和沿海等水运销售场景下才符合多对多的互联网业务场景要求。中国沿江、沿海区域的水泥和熟料销售市场目前较混乱且难以管理，涉及的水泥工厂较多，还有经销商、物流商、物流中转站等环节。可以把中国钢铁行业产业互联网平台的模式移植到水泥和熟料的水运业务场景中，简化后形成中国水泥企业在沿江、沿海区域水泥和熟料互联网销售平台。另外，沿江、沿海区域市场涉及许多沿途的省（自治区、直辖市），每个省（自治区、直辖市）的错峰生产政策都不相同，通过水运的互联网销售平台，相关的水泥工厂共同设定明确的交易规则，透明的运营可以起到稳定市场的积极作用。另外，水泥和熟料的水运互联网销售平台还可以整合砂石或者其他的沿江区域的货物，提升水运互联网销售平台的使用效率。

思考题

你所在水泥企业是否靠近核心城市，包括省会、地级市、县城等，是否有民用互联网销售平台的市场机会？如何低成本地落地这些销售机会？这些新的渠道销售模式是否会对现有水泥销售渠道产生冲击，该如何应对？

参考文献

[1] 上海艾瑞咨询公司. 2020年中国钢铁产业互联网行业研究报告[EB/OL]. (2020-09-04) [2023-05-18]. https://baijiahao.baidu.com/s?id=1676865624704502451&wfr=spider&for=pc.

[2] 郁苗. 从钢铁电商的历程看钢铁产业互联网的发展趋势[EB/OL]. (2022-02-06) [2023-05-18]. http://www.100ec.cn/home/detail--6607926.html.

[3] 家装大杂谈. 家装辅材一站式配送供应链, 是"风口"还是"坑口"?[EB/OL]. (2018-12-11) [2023-05-18]. https://www.iyiou.com/analysis/2018121187369.

第五章　拐点后中国水泥企业的管理创效

第一节　管理创效是中国水泥企业降本增效的重点内容

进入中国水泥市场萎缩期的初期，中国水泥企业主营业务仍是水泥，同时向产业链上下游拓展新业务。中国水泥企业的业绩支撑既需要稳定主营水泥业务的营业收入和利润，又需要提升新业务的营业收入和利润。对于稳定主营业务，中国水泥企业面临的最大挑战是水泥销售收入的逐年下降，因此降本增效将成为中国水泥企业当前和未来越来越重要的关键举措。

企业利润＝销售收入－综合成本（生产成本＋管理成本＋销售成本＋财务成本＋其他成本）

中国水泥企业的综合成本一般包括固定成本分摊、生产变动成本、管理成本、销售成本、财务成本等方面。这些成本要素在中国水泥企业的关注度有较大差别。其中关于生产成本的降本增效项目一直备受关注，包括应用新技术降低水泥企业的煤耗、电耗和维修成本等。但是当前大多数中国水泥企业对提升管理效能重视不够，降低企业管理成本和销售成本的优化举措相对较少。中国水泥企业管理部门的主要职能是强化企业执行力和规避内外部风险，企业管理方法、管理工具和管理理念还比较落后，企业管理成本控制主要依靠高层领导的个人经验和主观判断，经常是有钱多花、没钱少花。

那么优化中国水泥企业的管理成本和销售成本的意义和价值到底有多大？在中国水泥市场萎缩期，面对水泥市场越来越细分、新增业务越来越多、海外市场覆盖地区越来越广的情况，中国水泥企业原有管理模式会面临怎样的挑战？应该如何学习和借鉴其他行业优秀的企业管理理念和应用案例？

一、中国水泥企业间的管理成本差异很大

（一）中国水泥上市公司的销售管理费率与经营利润率有密切关系

为了说明中国水泥企业在管理和销售成本上的差距，选取四家有代表性的中国水泥上市公司进行横向对比法，依据其2017—2021年的公开财报数据进行分析比较，具体见表5-1、表5-2和表5-3。

表5-1　2017—2021年水泥上市公司经营利润年分析　单位：%

水泥上市公司	2017年	2018年	2019年	2020年	2021年
海螺水泥	9.3	5.8	5.8	4.7	5.1
万年青水泥	8.5	7.2	7.8	5.5	5.7
华新水泥	12.5	11.1	11.5	12.4	9.1
冀东水泥	16.2	15.0	12.0	14.7	12.6

表5-2　2017—2021年水泥上市公司销售管理费率分析　单位：%

水泥上市公司	2017年	2018年	2019年	2020年	2021年
海螺水泥	27.7	31.1	28.1	26.3	25.7
万年青水泥	15.5	24.6	24.6	23.2	21.5
华新水泥	12.3	26.1	27.8	26.2	22.9
冀东水泥	16.2	11.1	18.3	19.0	13.7

表5-3　2017—2021年水泥上市公司经营利润、销售管理费率合并分析

单位：%

水泥上市公司	2017年	2018年	2019年	2020年	2021年
海螺水泥	37	37	34	31	31
万年青水泥	24	32	32	29	27
华新水泥	25	37	39	39	32
冀东水泥	32	26	30	34	26

管理费用是企业董事会和行政管理部门在企业经营管理中发生的或者应当由企业统一负担的各种费用，一般包括管理人员工资及福利费、业务招待

费、办公费、差旅费、公司经费和其他各项杂费等。销售费用是企业在销售商品过程中发生的各项费用，包括运输费、装卸费、包装费、保险费、展览费、广告费，以及为销售本企业产品而专设销售机构的职工工资、福利费和业务费等。

不同水泥企业的销售管理费率差距非常大，其中海螺水泥和冀东水泥的差距在一倍左右；水泥企业的销售管理费率与经营利润率呈现负相关关系，即销售管理费率高的水泥企业的总经营利润较低，销售管理费率低的经营利润较高；也许有人会说不同上市水泥企业管理费率的记账科目有部分差别，但是把水泥企业的销售管理费率与经营利润率相加，不同水泥企业间的差距大幅减小。

（二）中国水泥上市公司的人均销售费用和管理费用差异很大

再以上述四家上市公司 2021 年公开年报作为基础数据，导入各家上市公司的员工人数变量做进一步分析，具体如表 5-4 和表 5-5 所示。

表 5-4　水泥上市公司管理费率分析

水泥上市公司	营业额（万元）	管理费用（万元）	员工人数（人）	人均管理费用（万元）
海螺水泥	16795266	508321	44000	12
万年青水泥	1420459	65055	6000	11
华新水泥	3246409	163470	11000	15
冀东水泥	3633757	398802	25000	16

表 5-5　水泥上市公司销售费率分析

水泥上市公司	营业额（万元）	销售费用（万元）	销售费用占比（％）	员工人数（人）	人均营业额（万元）
海螺水泥	16795266	340843	2.00	44000	382
万年青水泥	1420459	16033	1.10	6000	237
华新水泥	3246409	133121	4.10	11000	295
冀东水泥	3633757	57965	1.60	25000	145

四家水泥上市公司的人均管理费用都达到 10 万元以上，华新水泥和冀东水泥更是达到 15 万元以上的水平。不同水泥上市公司的管理费率差距很大，

其中冀东水泥的管理费用占比达到了11%。不同水泥上市公司的销售费用占比差距很大，最高和最低的费用占比差距在4倍左右。不同水泥上市公司的人均营业额差距很大，最大差距在2倍以上。

（三）中国水泥上市公司的销售管理费用分析总结

总结前面的数据分析结果，可以初步得出以下两点推论。

其一，水泥企业的销售和管理费用占比（管理效率）是决定中国水泥企业盈利能力的重要基础之一。在不考虑水泥管理费用和销售费用的基础上，各水泥企业的利润率差距大大缩小。

其二，水泥企业销售和管理费用占比与其盈利能力成反比，即管理成本和销售成本越高的企业利润越低。水泥企业的人员效率差距很大，人员效率高的企业的盈利能力较强。

二、企业发展到一定规模后必然出现管理降效问题

为什么企业发展到一定规模后，管理成本会逐渐增加？

当企业快速发展到一定规模后，经历过的各种风险越多，专业分工越细，企业内部的管理需求越多，同时企业决策变慢，工作效率变低，管理成本变高。这种被称作"大企业病"的问题并非水泥行业特有，是一种普遍的现象。

例如，某水泥企业发展初期，只拥有一家水泥工厂独立运营，各方面的运营效率都比较好。随着该水泥企业的发展，下属的水泥工厂增加到4家，那么该水泥企业除了这4家水泥工厂的日常工作人员外，必然要增加更多的高层管理人员，比如设置营销中心、生产技术中心、采购中心、财务中心等，形成金字塔结构的管理模式。在金字塔结构中要增加高层管理人员的人工成本、高层管理人员对下属4家水泥工厂的管理成本、4家水泥工厂和上层管理人员的沟通成本，当这些成本的增加大于其对水泥企业利润的贡献时，就造成了水泥企业的整体管理效率下降。

（一）专业化管理产生的问题

水泥企业职能管理主要分为三类：一是专业化管理，目的是更好地解决专业难点和重点问题；二是合规性管理，目的是落实标准规范操作以避免业务风险；三是战略性管理，目的是要求各个业务单元在公司整体战略性政策

方向下运营,避免方向性偏差和各自为政。

专业化管理(图 5-1)包括水泥生产、水泥营销和其他水泥业务部门的各种专家职能,其主要价值是帮助解决一些专业方面的疑难问题,并且促进各个水泥业务单元间的分享与推广。但是在实际运行过程中存在三方面的问题:

第一,水泥生产和水泥销售运营一线业务单元面临的难点专业问题,通常涉及综合因素而非单一因素;

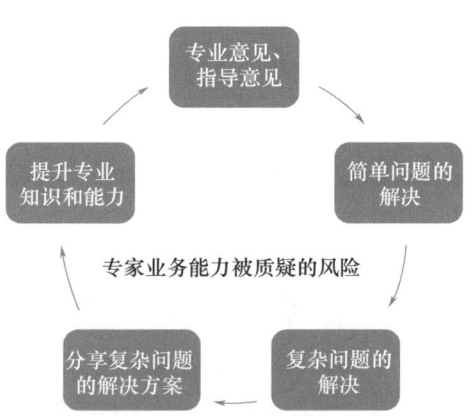

图 5-1 专业管理形成闭环示意图

第二,为了规避责任风险,专家大多时候只给一些专业性和原则性意见,并且很少全程参与解决过程,因为一旦问题解决不好就会产生专家业务能力被质疑的风险;

第三,专家考核评级通常根据其专业学历和影响力等,很少依据其实际解决问题的能力,造成部分专家不接地气的现象。

(二)合规性管理产生的问题

合规性管理(图 5-2)在水泥生产和销售等环节非常多,是为了执行某项规定或者避免某类问题而强制实施的操作流程。但是合规性管理实施后,容易产生三方面的问题:

第一,很容易成为日常例行工作,越管越细却流于形式,甚至成为偏离业务实际却政治正确的事情;

第二,当水泥市场情况和业务需求发生变化时,这些例行工作流程需要松绑或者改变通常会很难做到,需要冒打破常规的风险,变革阻力很大,只能自上而下由高层领导推动;

第三,合规性管理部门都是权力部门,任何改变都会对利益相关方产生重要的影响,合规性管理部门内部很难有人愿意简化管理流程。

(三)战略管理和政策落实产生的问题

政策落实管理(图 5-3),某些企业会成立单独的政策督办部门,同时需要各职能部门在日常工作中监督部门相关政策的实施。政策落实管理经常与考核绩效相关,通过各种绩效考核来推动水泥企业战略举措和管理政策的落实。政策落实管理会导致企业中不同层级和部门之间的权力博弈,各种政策实施后的效果评估很难清晰量化。政策落实管理经常存在三方面问题。

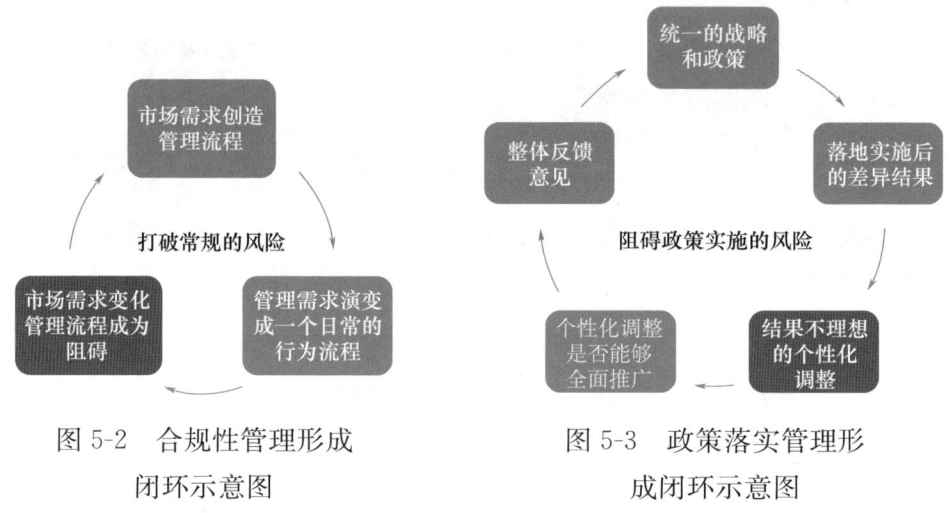

图 5-2　合规性管理形成闭环示意图　　图 5-3　政策落实管理形成闭环示意图

第一,水泥行业中各个水泥工厂都有不同的情况,任何统一的政策都无法让所有业务单位满意,但是哪些业务单元可以做政策微调需要人为判断,不可避免地会存在人情关系。如果没有和上级沟通好,私自对政策进行个性化解读和调整,则存在阻碍政策实施的风险。

第二,即使政策本身存在问题,也需要执行很长一段时间后,才会慢慢发现和调整。因此,在一个有强势领导的水泥企业里,几乎不可能对决策层制定的政策作出快速的反馈和调整,一旦决策错误,除非领导自己能够意识到,否则必然会付出很大的代价。

第三,每个职能部门都制定相关政策,逻辑上看起来都是合理的,但是所有政策累积在一起非常复杂,政策解读的难度非常大,且不同职能部门的政策之间还存在矛盾和冲突。

(四)"大企业病"产生的其他问题

任何水泥企业职能化管理在一开始的目标初衷和执行效果都很好,但是随着水泥市场的不断发展,水泥企业的运营内容也随之发展,旧的管理机制没有及时更新，新的问题又制造新的管理需求，这样新旧问题不断累加，就容易出现"大企业病"。"大企业病"不仅仅是管理成本提高的问题，其对水泥企业的危害是综合性的，它们主要包括以下五个方面：

第一，企业管理职能机构臃肿，无效管理增加，利润大幅度下滑；

第二，企业管理职能问题，会延伸到基层的运营部门，使基层运营部门花大量时间应付各种事务性工作，造成基层运营效率降低；

第三，企业管理职能问题会造成企业重大决策的偏差，因为决策依据更多地看表面数据，缺少对基层实际工作情况的深入了解，造成决策偏差；

第四，各个职能部门各自为政的情况增多，造成客户满意度降低，甚至出现了客户为了使某些业务流程合规，反复填写各种表格、履行各种手续的问题；

第五，真正对企业经营业绩负责的人变少了，甚至出现企业经营业绩不好，很多职能部门的绩效却非常好的情况。

因此，实现一个复杂组织的整体绩效最佳，是一个非常复杂的管理问题。既不是人越多越好，有时候人太多反而效果更差；也不是专业能力越强越好，比如由11名球星组成的球队，不一定就是最优秀的球队，而且球星太多，球队人员成本也会抬高。

另外，企业管理是一个需要不断更新的循环系统，当企业快速发展达到一定规模后，旧的管理体系更新速度慢，新的管理问题又增加更多管理任务，这样不断积累造成管理内容越来越多，管理效率越来越低，管理成本越来越高，这是一家企业发展的普遍规律。

三、树立管理为经营服务的理念，回归本源

要解决上述问题，我们必须回归企业的本质。企业的本质是创造利润，而利润的主要来源是客户。生产出满足客户需求的产品和服务，依靠的是对企业的人、财、物等生产要素的有效经营。因此，管理要帮助企业创造合理的利润，就必须为企业的经营服务，以实现为客户生产更好的产品和提供更好的服务。

如何实现管理为经营服务呢？一位智者曾经说过：把权力交给更了解客户需求的人。谁更了解客户需求，谁就应该对经营业绩负责，谁对经营业绩负责，管理就应该为谁服务。当企业规模还比较小的时候，必然是企业一把

手最了解客户需求，他需要借助权力充分调动企业的所有资源实现更好的经营效果。当企业规模慢慢变大，企业一把手会逐渐走向后台，他对客户需求的了解也会逐渐滞后，此时需要新的中层领导走向客户，细致了解客户需求，承担起企业经营的主要责任。因此，出现了从自上而下的金字塔管理结构逐渐向自下而上的管理结构的转变。

这种转变是一个逐渐发展的过程，企业规模越大，这种需求就越强烈。先是部分授权，再是业绩考核，然后转变越来越深化。各种职能部门也需要在此转变中完成自身价值的重新定位，从完全听命于上级领导的指令，转变为越来越多地满足一线业务部门的各种诉求，同时防止部门的成本费用大幅提升。这种管理职能的转变非常痛苦却必不可少，如果这种转变过于滞后，或者转变中出现其他的问题，就会出现"大企业病"。

另外，经营要服从于战略。因为企业经营更多考虑短期效益和短期业绩的达成，而战略更多考虑长期发展方向和长期业绩增量，这是两个不同的思考维度。当短期经营策略与长期战略规划发生冲突时，经营要无条件地服从于战略。因此，大企业高层领导需要投入更多精力到长期战略的研究和战略规划的制定上，并且在长期战略与短期经营之间寻找平衡。最终大企业必然要重新建立一套更加灵活和自下而上的管理体系，才能完成真正的蜕变。

附加内容：水泥工厂新业务一体化运营下的管理困境

很多水泥工厂在水泥业务基础上拓展混凝土、骨料和其他水泥制品新业务。这是水泥市场发展到一定阶段的必然趋势。但是水泥工厂在开拓新业务的同时，也遇到了许多新的管理难题，难以应对。

水泥工厂的业务拆分为矿山业务、熟料生产、水泥生产、混凝土业务、骨料业务、水泥销售业务等板块。每个业务板块之间并非完全独立经营，存在相互间的影响与关联，而且每个业务板块都有自己的业务规范和管理规定，由自己的上级管理部门进行垂直管理。因此，水泥工厂总经理需要是全能型领导，懂水泥业务、混凝土业务、骨料业务、其他水泥制品业务，懂生产、销售、项目投资和项目建设。每个业务板块的重要经营决策，业务板块之间产生的问题和矛盾，都需要水泥工厂总经理来协调和决策。水泥工厂的月度例会成为互相推诿和推脱责任的会议，出现业绩问题的时候销售部门推脱是生产部门的问题，生产部门推脱是维修部门的问题，维修部门推脱是工作量太大等。每个业务板块的负责人都对其业绩负责，但是又都无法对其业绩负责，因为太多的事情不是其职能范围内能够解决的。

因此，在水泥业务的基础上拓展新业务和推行新运营模式，关键难点是解决好内部管理机制和管理效率问题。有些深层次的管理问题还需要高层领导深入评估和研究，甚至需要做出一些重要组织结构变革，才能够真正解决，从而落实好水泥企业的战略转型。

思考题

（1）你所在的水泥企业原先的运营过程中，有哪些管理问题和短板，如何才能有效地改善这些管理问题，补齐这些短板？

（2）你所在的水泥企业在新的市场萎缩期做了哪些经营战略的转变，这些经营战略的转变会遇到哪些管理问题，该如何解决？

参考文献

[1] 宋志平. 三精管理 [M]. 北京：机械工业出版社，2022.

第二节 中国水泥企业从自上而下到自下而上的管理变革

当前中国水泥企业的管理体系是在中国水泥市场实践过程中自然形成的。2000—2020年中国水泥行业经历了20年黄金发展期。在中国水泥市场扩张期，市场机会多、增长潜力大，水泥企业的经营战略重点是快速新建熟料窑线产能，快速实现水泥销售占领市场，快速回收资金实现利润。2000年中国水泥产量约6亿吨，约占全球水泥总产量的20%，到2020年中国水泥产量约24亿吨，约占全球水泥总产量的50%。

在这期间诞生了许多中国水泥龙头企业，海螺水泥于1997年成立，到2020年熟料产能达到2.6亿吨，南方水泥于2007年成立，到2021年熟料产能为1.4亿吨，华润水泥于2003年成立，到2021年熟料产能超过7000万吨。中国水泥龙头企业的飞速发展并不容易，面临一系列困难，比如资金不足、技术力量和人才不足、新建熟料窑线选址、窑线项目建设施工、水泥企业与当地政府和当地居民的复杂关系等问题。即使面临各种复杂难题，中国水泥企业新建一个5000吨/天的熟料窑线项目，从动工到建成投产也能在2年内完成，项目工期比国际水泥企业同类项目缩短50%以上。这些中国水泥行业的成就是世界水泥行业发展历史上的奇迹。其他国际水泥企业100多年的发展历程，中国水泥企业20～30年就完成了。

一、中国水泥企业现有管理模式来自水泥市场扩张期的发展要求

（一）中国水泥市场扩张期水泥企业普遍采用集权式管理模式

在水泥市场扩张期，中国水泥企业的创一代管理者有战略眼光和魄力，实干巧干，在实践过程中总结出集中力量办大事，企业一把手全权负责的管理模式。其具体包括以下五个方面。

第一，集中现有资源统一管理，快速决策快速纠偏，优先解决重点需求。企业决策层一旦做出决策，全公司上下集中资源力量统一行动，必须不打折

扣地坚决执行。如果资金不足，就采取"内外部集资＋节省现有开支"的办法，优先保障重点项目资金需求。如果人才不足，就从各级岗位抽调骨干，优先保障重点项目人才需要。

第二，边实践边学习边创造，摸着石头过河。在新建水泥项目，尤其是大型熟料窑线的过程中存在资金不足、人员不足、技术不足等问题，通常采取边实施边解决问题的方法。资金不足就先做主体工程，实现生产和销售，再完善其他工程部分或者偿还部分欠款，人员不足就在边实践边培养的同时在当地招聘人才，技术不足就到处去学习回来做试验，边学边做。

第三，先僵化后优化再固化，现金效益优先。因为每个水泥项目在当地的生产条件都不同，水泥市场销售条件也有差异，如果追求项目进程的完美，就必然会损失大量时间和市场机会，所以要抓住主要矛盾，开始阶段不追求完美，快速实现生产和销售，快速实现现金收益，后续慢慢优化调整和固化。

第四，水泥工厂管理者全权负责制。充分放权且责权利对等，充分调动管理者的积极性，水泥工厂管理者要关注权限范围内所有事项的执行细节，统筹安排一管到底。

第五，企业管理人才裂变式发展。先建好一家标杆工厂，然后抽调核心骨干再去组建下一个熟料窑线项目，对抽调后的岗位空缺培养补充新鲜血液，以此类推，滚动发展。

在中国水泥市场扩张期，这种自上而下的集权式管理模式取得了巨大的成功。中国水泥产销量快速递增，平均每5年实现翻倍，5000吨/天和10000吨/天的大型熟料窑线项目陆续建成，熟料窑线装备的国产化率大于95%，实现了中国完全自主知识产权。另外，随着这些水泥工厂的快速建成投产，水泥行业培养了一大批复合型管理人才，他们既懂水泥生产又懂水泥销售，且对自身企业有极高的忠诚度和企业文化认同感。

（二）中国水泥企业集权式管理的弊端

任何事情都具有两面性，这种自上而下类似于家长制的管理模式也有其弊端，尤其是随着水泥企业越做越大和水泥市场越来越成熟，问题越来越严重。其相关问题主要表现在以下五个方面。

第一，政策一刀切问题。为了体现公平性和提升执行效率，水泥企业对内和对外政策通常采用一刀切式的落地方法。但是不同业务板块的情况不同，不同水泥工厂的情况不同，不同销售片区的情况也不同，一刀切式的政策无论怎么调整，都只能适合大部分业务单元而不可能适合所有业务单元，就像一件标准尺寸的衣服给不同身高和体重的人穿，结果必然是有些人穿着大有些人穿着小。一刀切式的政策造成管理综合效果大幅降低。假设某政策对75%的业务单元是正贡献，对25%的业务单元是负贡献，那么政策的综合贡献就只有50%。如果有2套这样的政策同时执行，政策产生叠加效果，那么政策的综合贡献只有50%×50%＝25%。因此一刀切式的政策数量越多，其综合贡献就越低，甚至出现负贡献。

第二，各职能机构臃肿问题。在水泥企业的发展过程中会遇到各种问题，每解决一个难题就可能设立一个部门或机构，日积月累部门越来越多分工越来越细，但是任何一个部门领导都希望本部门做大做强，都会不遗余力地索取企业资源，增加人员和预算，都会要求基层的业务部门配合其相关的制度管理要求。为了提升本部门的业绩，没有哪个部门会主动进行精简。

第三，决策流程和决策机制问题。现在水泥企业里真正对业绩负责的人很少，而且事情无论大小都需要经过很长的审批流程，最后到一把手终审。审批环节中的大部分人都是免责审批，只关注自己职能范畴的责任，都不对最终结果负责。如果最终的审批决策出了问题，审批链上大多数领导都在，很难判断是哪个环节的问题，要么全没责任要么全都承担责任。

第四，平庸听话基层领导问题。基层团队习惯于发现问题及时汇报，等待上级领导指示，明确指示后再执行落实。另外，基层团队中能够发现问题和及时解决问题的人往往有个性，很有可能不被领导认可。在一个强势领导的带领下，平庸听话且善于揣摩领导心思的人更容易被重用。

第五，人情问题。水泥企业人才流动性较小，很多主要领导都是随着水泥企业一起成长的，而且水泥工厂通常地理位置比较偏僻，许多年大家在同一家工厂里，长年离家住厂工作生活也就成了一家人。水泥企业的日常工作既需要职能部门的政策变通支持，又需要主要领导的提拔支持。因此人际关系较好的人往往仕途顺利，人际关系较差的人的能力很难发挥。

二、自下而上的管理模式更适合水泥企业未来发展需求

总结中国水泥企业管理模式的演变路径，自下而上的小单元管理模式更适合未来需求。

水泥企业的管理模式不是固定不变的,在水泥市场的不同发展期,其发展面临的主要矛盾不同,所适合的管理模式也有很大差异(图5-4)。

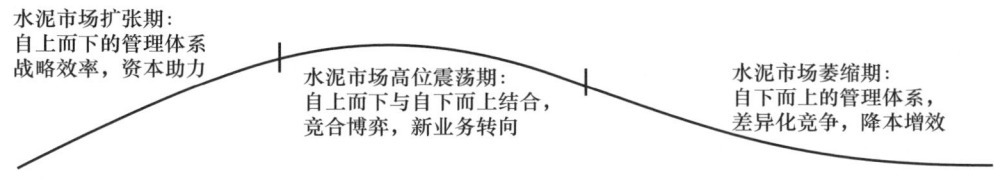

图 5-4　水泥市场不同发展期的管理体系和关键成功要素

(一) 中国水泥市场扩张期自上而下的管理模式

在中国水泥市场扩张期,中国水泥企业的战略重点是快速占领市场满足新增客户需求,新建项目快速回笼现金,资本助力企业快速滚动发展。中国水泥企业适合自上而下的管理体系,集中力量办大事,坚决服从决策层统一指挥。中国水泥市场扩张期水泥企业成败的关键是企业战略实施效率和获取资本助力的能力。因此,一刀切式政策落地和严格政策督办,领导层全权负责全权管控的模式,虽然有各种弊端且管理成本较高,但是万众一心执行力强,能推动企业快速发展。

(二) 中国水泥市场高位震荡期多种模式结合的管理模式

在中国水泥市场高位震荡期,中国水泥企业成败的关键是各水泥企业间的竞合博弈,在优势市场份额与稳定水泥价格中寻找平衡,同时积极向水泥行业产业链上下游开拓一体化业务,或者投入有市场潜力的新业务占领市场先机。竞争力弱的熟料产能有机会在资本市场价格高位转让。这一时期不同水泥企业的发展历程和经营战略不同,管理模式差异很大,属于百花齐放的时期。中国水泥市场竞合博弈阶段企业成败的关键在于营销竞合博弈的能力以及新业务拓展和转向能力。因此,灵活和因地制宜的管理模式,更加适合此水泥市场发展时期相对复杂的市场环境和新业务环境。

(三) 中国水泥市场萎缩期自下而上的管理模式

在中国水泥市场萎缩期,水泥市场几乎没有新建的水泥工厂,现有水泥工厂周边也几乎没有新增的客户,水泥市场份额逐渐固化。中国水泥企业既需要维护水泥市场格局和水泥价格稳定，又需要降本增效优化水泥支付成本，提升现有水泥客户的盈利能力，为水泥客户提供更好的服务，提升品牌溢价，提升水泥客户满意度。在此阶段需要针对不同水泥细分市场的不同水泥客户的不同需求提供差异化服务，需要充分激发水泥企业基层组织的灵活性、自主性和能动性，快速满足客户的需求。在中国水泥市场萎缩期，中国水泥企业成败的关键是其对内的降本增效能力，对外的客户满意度和客户的盈利能力。因此，更加贴近客户需求和最大化激发基层员工能动性的自下而上的小单元管理模式，必然成为适应水泥市场发展趋势的主流模式，该模式更加适合此水泥市场发展时期以客户需求为导向的精细化管理要求。

另外，很多中国水泥企业面临领导层的新老交替，创一代的水泥企业管理者是全能型的领导，他们大多从基层做起，既有实战经验又有管理经验；但是第二代水泥企业管理者更多是专业型管理者，他们中大多数没有经历艰苦创业的实践过程，更加倾向于分层的体系化管理而非指令型的点对点管理。

三、中国水泥企业自下而上的管理变革可参考的经验

当中国水泥企业发展到一定规模，企业需要针对不同客户细分市场提供更加个性化的产品和服务的时候，都会遇到管理成本上升、客户满意度下降等问题。这些问题并非水泥行业特有的，水泥企业可以借鉴其他行业成功的管理变革经验。

（一）自上而下的管理模式与自下而上的管理模式的差异

现在应对企业大组织运作弊端的最有效解决方案是小业务单元管理模式，即把大组织划分成若干个小业务单元，小业务单元自主经营独立核算。这种小业务单元管理模式是自下而上的自主运营，与传统自上而下的金字塔管理模式正好相反（图5-5）。传统自上而下的管理模式的主导方是核心管理层，他们通过战略制定和政策指令来推动整个企业的运转，中间管理层负责承上启下落地核心领导层的战略和指令，并管控一线执行层完成落地实施。而自下而上的管理模式的主导方是一线独立业务单元，一线独立业务单元根据客户的差异化需求提供服务，而中间管理层负责为各个独立业务单元的业务发展提供支持，而核心管理层则负责为一线业务单元提供各种资源和发展的机会。

第五章 拐点后中国水泥企业的管理创效

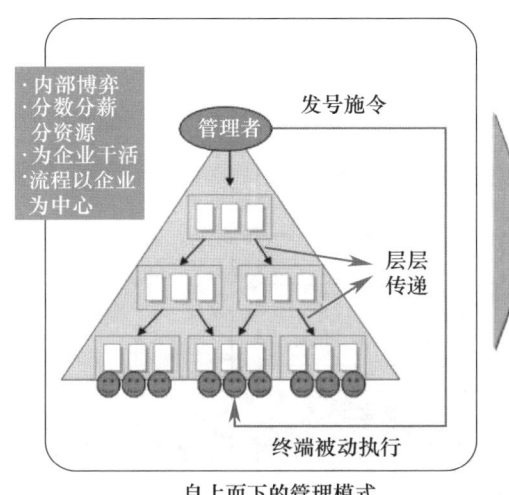 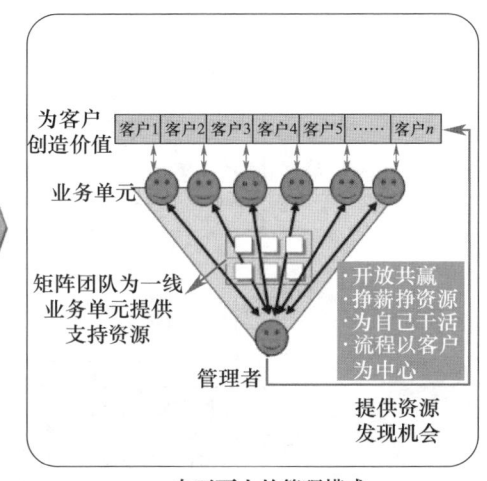

图 5-5 自上而下的管理模式与自下而上的管理模式的对比

自下而上的小业务单元管理模式的主要优势有以下三点：

第一，让更多的小业务单元对企业经营业绩负责，小业务单元可以快速传导市场压力应对市场变化，快速采取应对举措，改善其独立的经营业绩；

第二，改变传统专业管理职能，从以管控为主过渡为以服务为主，从强势的规则制定方变为相对弱势的服务提供方，同时专业管理职能的服务内容需要根据一线业务需求而扩展或者收缩，且需要更多综合能力而非专业职能内的单一管理能力；

第三，小业务单元不但要关注销售收入最大化，还要关注各种成本最小化，从经营的角度实现利润最大化，并且在这一过程中充分调动一线经理的积极性，培养其经营意识，实现从职能型管理者向经营型管理者的转变。

（二）自下而上小业务单元管理模式在其他行业的成功应用

这种小业务单元管理模式已经被许多不同行业的明星企业应用（图 5-6、图 5-7）。华为公司的任正非先生曾表示：所有企业未来的战争是"班长的战争"。华为将组织结构设定为面向客户的项目小组制；海尔集团采用人单合一模式，其组织机构调整的核心是微小化。

157

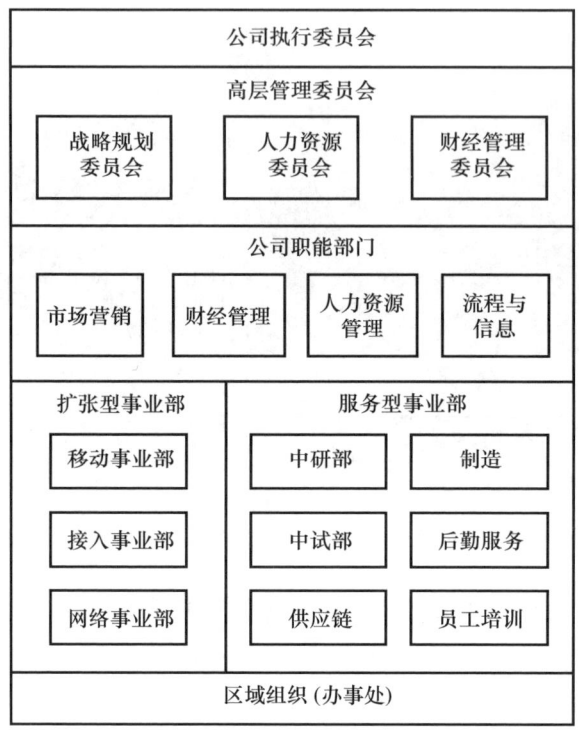

图 5-6 华为基本法设计的准矩阵组织结构

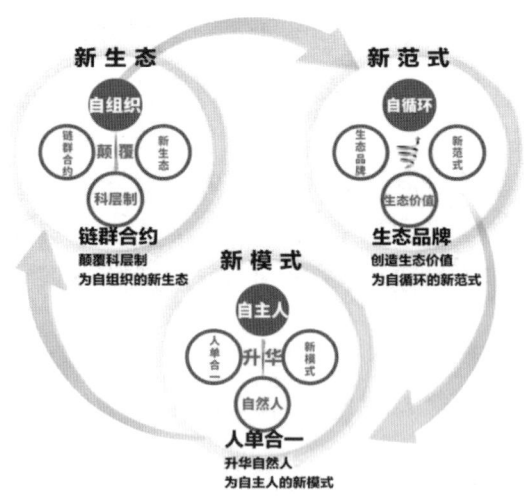

图 5-7 海尔集团人单合一模式

阿米巴经营模式是（尤其适用于制造业）具有完整理论体系和大量应用案例的小业务单元管理模式，非常值得中国水泥企业借鉴。阿米巴经营模式可以说是企业发展到一定规模，应对市场快速变化和客户不断细分问题的企业绝佳的管理解决方案。

阿米巴经营模式是日本"经营之圣"稻盛和夫先生提出的，稻盛和夫利用阿米巴经营模式打造了两家世界500强企业，并且让濒临破产的日本航空公司起死回生，从负债1.5万亿日元（约合人民币1200亿元），经过1年多的时间到2011年实现盈利1866亿日元净利润。

阿米巴经营模式是通过重新组织架构梳理，把大企业分成为许多独立经营的小阿米巴，通过特定企业内部交易机制实现企业内部交易和市场化，每个独立的阿米巴有自己的巴长负责本巴的经营业绩。例如，日本京瓷株式会社就有3000多个小阿米巴，它们渗透到公司的每个为客户创造价值的小部门，实现了全员参与经营、独立核算、自负盈亏，并围绕公司整体的战略进行相互间合作经营，通过实现每个小阿米巴的销售收入最大化和费用最小化，实现整个企业的利润最大化（图5-8）。

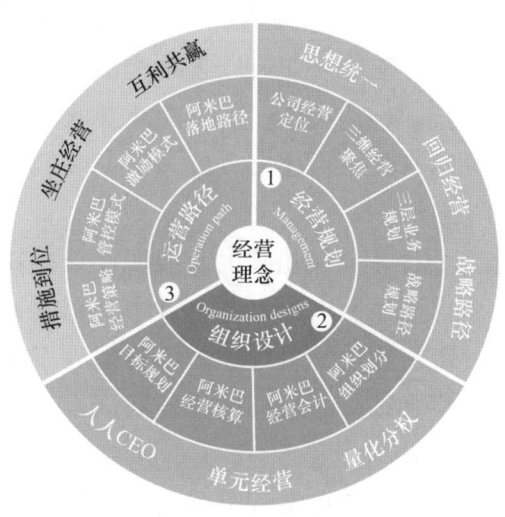

图5-8 阿米巴经营模式的价值

最后，水泥企业落地阿米巴经营模式，千万不能把它当作单一水泥生产的降本增效项目，而是要作为一个指导整个水泥企业从自上而下管理模式向自下而上管理模式转变的综合性项目。包括理顺水泥生产和水泥销售的配合，理顺建材综合产业园内矿山、熟料、水泥、混凝土、骨料和其他新业务之间的业务合作，理顺企业集团总部、区域和片区之间的关系，理顺不同水泥工厂不同市场环境、资源条件和设备条件间的统一管理问题等等。建议开始阶段从一个复杂的建材产业园开始。

附加内容：海尔集团组织结构的演变

海尔集团组织结构的演变分成三个阶段：第一阶段，直线职能式的金字塔结构；第二阶段，矩阵结构；第三阶段，市场链结构。

直线职能式结构就像一个金字塔，最下面是普通员工，最上面是厂长、总经理。该组织结构的优点是容易控制到终端，在企业规模小的时候，"一竿子抓到底"，反应非常快。但在企业规模大了以后，其最大的弱点是对市场反应太慢。

1996年海尔集团开始实行事业部制的分权结构。海尔集团用"联合舰队"来描述这种运作机制。集团总部作为"旗舰"，以"计划经济"的方式协调下属企业，下属企业在集团内部是事业本部，对外则是独立法人，独立进入市场经营，发展"市场经济"，但所有资源接受集团总部统一协调。用海尔集团人人都熟悉的话说，各下属公司可以各自为战，不能各自为政。张瑞敏说："集团总部所要求的，你必须执行，有问题我来负责，我来订正，你可以提出建议，但绝不允许阳奉阴违。"这正如前所述，实行事业部制，必须要有一个强有力的"中央"。

1999年3月，海尔集团把金字塔式的直线职能结构转变成矩阵结构的项目流程。这种结构仍然保留了所有的事业部和事业部的研发、采购、销售等完整的业务流程，但是海尔集团的管理职能不再是程序化的由上而下统一指令，各个事业部不再各自为政。它们会因为项目而发生关联，事业部包揽全部业务流程的权力被分解。

海尔集团把所有的事业部业务流程分成若干项目小组，成立专门的组织结构调整项目小组。项目小组有权力面对市场和用户，组织生产订单，而后各事业部职能部门抽调人员组成小组完成从研发到销售的整个业务流程。这在一定程度上是集团通过项目的形式把分散在各事业部的业务集中起来进行管理。

项目小组可以独立开展业务，但它不是一个实体，职能松散，且项目管理部门的权力太大，彼此没有制约。如果项目小组的需求得不到职能部门的支持，就会影响项目的进展。通过项目来捏合业务管理的模式无法搭建信息平台，更不利于实现真正的市场链管理。

1999 年 8 月，海尔集团开始 BPR 流程革命，成立超事业部结构，实行了市场链结构变革。第一步，把原来分属于每个事业部的采购、销售、财务业务全部分离出来，实行全集团范围内统一营销、统一采购、统一结算；第二步，把集团原来的职能管理资源进行整合，如将人力资源开发、技术质量管理、信息管理、设备管理等职能管理部门全部从各事业部分离出来，成立独立经营的服务公司；第三步，把这些专业化的流程体系通过市场链连接起来，设计索酬、索赔、跳闸标准，经过对原来的职能结构和事业部进行重新设计，把原来的职能型组织结构转变成流程型网络体系结构，垂直业务结构转变为水平业务流程，形成首尾相接和完整连贯的新业务流程。

思考题

（1）简述你对自下而上小业务单元管理模式的理解，其与水泥企业传统的自上而下的管理模式相比有哪些利弊？

（2）如果你所在的水泥企业需要实施自下而上的小业务单元管理模式，那么应该如何开展？有哪些挑战？

参考文献

[1] 天文商学. 海尔的组织结构演变，告诉你什么是真正的管理！［EB/OL］.（2022-09-27）［2023-05-18］. https：//baijiahao. baidu. com/s? id＝1745085418744038644&wfr＝spider&for＝pc.

[2] 中外管理. 4 次入选"管理界奥斯卡"，张瑞敏的"人单合一"到底是什么？［EB/OL］.（2021-11-20）［2023-05-18］. http：//ishare. ifeng. com/c/s/v002cXV2E--＿9vzbKxip83Ab13--patUVqTOahyJtRPlNmu8c＿.

[3] 人人文库. 海尔倒三角管理模式及海底捞的人才战略介绍［EB/OL］.（2022-08-12）［2023-05-18］. https：//www. renrendoc. com/paper/217208372. html.

[4] 鲁诺. 三豪｜华为军团的逻辑和真相：横纵向拉通内部资源［EB/OL］.（2022-05-06）［2023-05-18］. https：//mil. sohu. com/a/544175045＿120639800.

[5] 张强. 华为组织演变史［EB/OL］.（2019-08-24）［2023-05-18］. https：//www. ruthout. com/information/19981. html.

[6] 和英阿米巴. 阿米巴经营模式组织划分实现扁平化管理［EB/OL］.（2018-08-27）［2023-05-18］. https：//www. sohu. com/a/250279704＿476919.

第三节　现在是水泥企业导入阿米巴经营模式的最佳时机

有位从业20年的资深管理咨询专家说过，阿米巴经营模式是他接触过的成熟企业最佳的经营管理模式。笔者认为中国水泥市场萎缩期的初期，是水泥企业导入阿米巴经营模式的最佳时机。导入这一模式是水泥企业在未来水泥市场竞争中赢得比较优势的关键举措之一，同时这一模式也是中国水泥企业拓展海外业务的最佳管理模式。

阿米巴经营模式有以下六个方面的特点和优势：

第一，阿米巴经营模式的目标是人人都是经营者，该模式有效地调动了水泥企业全体员工的主动性和积极性，能够更好地满足各水泥细分的差异化市场需求；

第二，阿米巴经营模式是自下而上的经营模式，有效地解决了多家水泥工厂坐落于不同偏远地区的异地管理问题；

第三，阿米巴经营模式能够有效解决水泥工厂拓展新业务之后，水泥、商混、骨料、水泥制品等不同业务之间的复杂管理问题；

第四，阿米巴经营模式能够有效地降低水泥企业的管理成本和销售成本；

第五，阿米巴经营模式能够有效降低水泥生产各工序成本，提升产品质量，同时稳定和提升水泥销售业绩；

第六，阿米巴经营模式能够有效助力水泥企业的人才培养，尤其是本地化基层专业经理的培养。

为什么水泥企业管理体系的变革比水泥生产方面的新技术和新工具应用更加重要？因为变革管理体系针对的是企业中人，不但要改变企业员工自身的思想和工作方式，还需要改变企业员工人与人的合作模式，改变领导与下级的纽带关系。因此，水泥企业的管理体系一旦发生重大变化，短时间效果虽然也许并不明显，但是坚持下来，几年后整个水泥企业就会发生巨大的根本性变化。阿米巴经营模式已经在某大型水泥集团旗下水泥工厂得到成功应用，水泥工厂的管理有很高的同质性，阿米巴经营模式一定也可以在更多的水泥工厂落地并取得成功。

一、水泥企业导入阿米巴经营模式概述

阿米巴经营模式是经过十几年不同行业大量实践案例证明过的成熟经营模式。它通过重新组织架构梳理，按照客户价值链逻辑把企业横向分成许多独立经营的阿米巴。独立经营的阿米巴还可以纵向分成子阿米巴，形成分层结构。不同的阿米巴根据其职能不同，设置的子阿米巴也不同。最后企业通过横向和纵向且具有不同功能的阿米巴，形成有机的运营体系。

阿米巴经营模式需要制定相应的规则机制，让阿米巴之间实现企业内部交易，把企业内部各个部门的合作和管理机制转化成为内部客户服务机制，从而让企业中每个阿米巴实现自主经营，自负盈亏。每个阿米巴设一名巴长，负责本巴的经营业绩，即销售收入最大化、成本最小化；每个阿米巴有自己独立的经营会计报表，计算本巴的销售收入和成本，并以此为依据优化经营结果。

中国水泥企业导入阿米巴经营模式主要包括六部分内容：阿米巴组织机构划分、阿米巴内部交易系统、阿米巴日常运营系统、阿米巴巴长的培养、阿米巴文化的认同和阿米巴管理系统的迭代。

二、水泥企业阿米巴组织机构划分

阿米巴组织机构划分的目的是梳理企业的客户价值创造路径，并在客户价值链的基础上分割建立许多小组织运营单元，让它们能够进行独立经营核算。阿米巴组织划分的具体规则包括如下五点：

第一，阿米巴基本组织单元按照功能性质可以分为业务中心（SBU）、费用中心（SAU）和新业务中心（SDU）；

第二，SBU 是核心业务运行单元和利润中心，需要有销售收入来源和成本费用的独立核算；

第三，SAU 是为 SBU 提供"炮火"支援的组织单元，本身并没有销售收入来源，其成本费用主要由 SBU 来分摊；

第四，SDU 是还未成熟的 SBU，有销售收入但还在投入期，无法实现自负盈亏；

第五，SBU 是可以分层的，较高层的 SBU 可以进一步分解成更小组织单元的次级 SBU 和 SAU。

例如，以整个水泥工厂作为一个独立 SBU 可以按如下方式进行分解（图 5-9）。

首先，水泥工厂可以分解成次级小单元 SBU，包括矿山 SBU、熟料 SBU、水泥 SBU、骨料 SBU、物流 SBU、营销 SBU 等。

其次，在水泥工厂之下各个职能部门包括财务、采购、人力资源等部门是由 SAU 支撑所有次级 SBU 的部门。

再次，水泥工厂 SBU 之下设定经营管理部来管理整个工厂内部交易机制和辅导下属所有次级 SBU 的业绩达成。

最后，各个次级 SBU 之下还可以再分解成更小单元的 SBU 和 SAU，比如营销 SBU 可以分解成许多市场部 SBU。

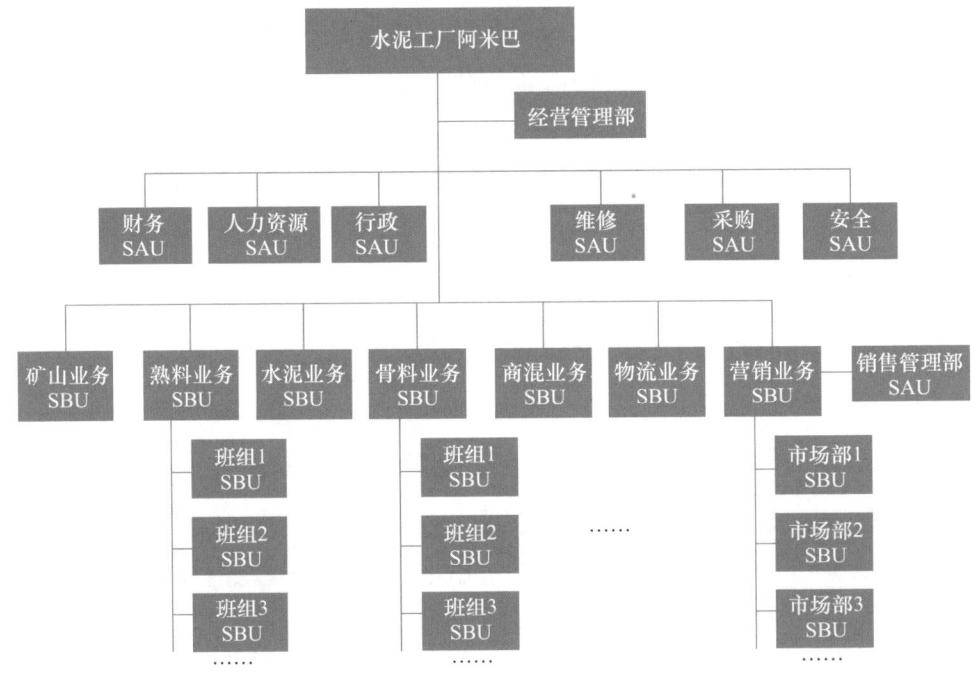

图 5-9　水泥工厂阿米巴组织架构案例图

每个独立的 SBU 的主要责任是做到本巴的销售收入最大化和费用最小化，这样促使 SBU 不但关注自身业务的运营优化管理，而且对上游和下游 SBU 的产品质量都提出了要求。例如，上游工序的产品质量会影响下游工序的成本，而下游工序的采购单价会影响上游工序的销售收入，因此每个生产阿米巴都会严格要求上游工序的产品质量，否则会造成本巴的成本增加，同时又会严格要求自己工序的质量并让下游工序认可质量和完成销售，否则会造成本巴的销售收入减少。另外，各职能部门 SAU 需要从 SBU 收取费用，各个职能部门必须在做好服务的同时压低自身的费用开支，从制度上根本转变了各个职能部门的价值定位和服务对象。最终每个环节都实现了价值最大化和成本最小化，企业呈现整体系统最优状态，而且整体系统还具有弹性，能够快速应对市场的各种变化。

三、水泥企业阿米巴内部交易系统

阿米巴内部交易系统是水泥企业导入阿米巴经营模式的第一个难点。阿米巴内部交易系统是阿米巴管理模式中的要点，它是企业内部各阿米巴实现独立核算的基础，没有内部交易系统 SBU 就没有销售收入来源，也就无法为 SAU 承担费用。

阿米巴内部定价的方法有很多，包括外市场定价法、绝对佣金比例法、协商定价法、成本定价法、标准成本加成法等。这些内部定价方法没有好坏之分，内部定价的本质是打造企业内部交易的虚拟市场环境和内部的交易规则。无论采用哪种方法定价，都会在内部市场化环境下逐渐回归合理的价格区间。每个阿米巴对企业贡献值的主要依据，不是内部定价规则下经营结果的绝对值，而是内部定价规则下经营结果增减的相对变化值，即每个考核周期下其成本的降低值和销售收入的增加值。

建立水泥企业内部定价体系，能够帮助传递市场压力，形成各个阿米巴的整体联动作战机制，让水泥企业的整体工作效率提高（图5-10）。水泥销量低不再只影响销售阿米巴的销售收入，同时也影响生产阿米巴、发运阿米巴和其他相关阿米巴的销售收入，停窑期间生产阿米巴不会拒绝参与设备维修，维修阿米巴可以帮忙分摊生产阿米巴的员工成本。通过内部交易系统，水泥企业每个阿米巴都能够真正参与经营，感受真正的业绩压力，增进阿米巴之间的互帮互助。

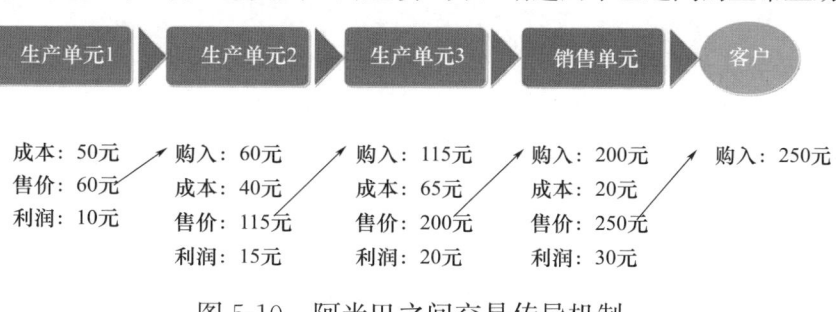

图 5-10　阿米巴之间交易传导机制

四、水泥企业阿米巴运营系统

阿米巴组织划分之后,需要计算每个阿米巴的销售收入和成本费用,并形成各巴的经营会计报表,实现自主经营。这份经营会计报表与传统的经营会计报表在功能和形式上都有较大差异:首先,这份经营会计报表并不是由财务来完成的,而是由每个阿米巴的巴长根据企业的内部数据完成的,使其清楚负责本巴的经营情况;其次,经营会计报表上的内容比较简洁易懂,包括销售收入、固定成本、变动成本等内容;最后,经营会计报表不是每个月做一次,为了提高经营的动态管理效率,需要至少每周做一次,以在更短的时间周期内了解经营的具体情况及时发现问题并加以解决。

每个独立阿米巴改善经营业绩都要依靠经营会计报表,绩效和奖励也要依据经营会计报表(图 5-11)。各巴长要认真理解数字背后的信息和逻辑,找到改善经营状况的方法和手段,并不断重复这个过程。各巴经营会计报表合并在一起,就生成企业的整体销售收入和整体成本,企业经营状况和各细分

项目		金额(元)	比率(%)
1 销售额		58427631.92	1.00
2 变动费用	原材料费	20449671.17	35.0
	配件费	2629243.44	4.5
	水电费	4674210.55	8.0
	……	……	……
	物流运输费	34256.23	0.06
	小计	27787381.39	47.56
3 边界利润		30630250.53	52.44
4 固定费用	房租	306460	
	设备折旧费	570312	
	工资	1804325.15	
	……	……	
	小计	2681097.15	
5 经营利润		27959153.38	47.85

图 5-11 阿米巴经营会计报表示意图(模板)

业务的贡献一目了然，局部出问题的业务和其关联业务都有量化结果，并且问题根源还可以分层次分解溯源，以便于问题的快速解决。

五、水泥企业阿米巴巴长的培养

水泥企业各部门部长和经理要提升成为合格的阿米巴巴长需要面临很大挑战，这是水泥企业导入阿米巴经营模式的第二个难点。各职能部门部长和经理只需要对自己的 KPI 负责，而 KPI 考核大多包含领导的人情成分，只要做好领导安排的事情，一般不会给低分。而阿米巴巴长需要对本巴的经营业绩负责，每个月要进行业绩分析改善，如果把每个阿米巴当成一家小公司，那么巴长就是公司总经理（图 5-12）。

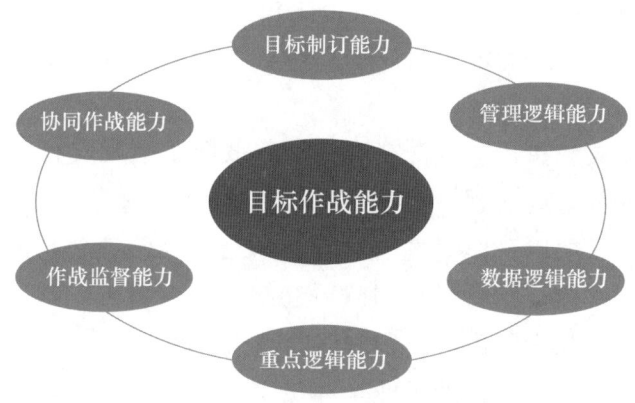

图 5-12　阿米巴巴长需要具备的核心能力

巴长每个月需要思考和解决的问题包括以下三个方面。

第一，如何实现销售收入最大化，每部分销售收入的边界利润分别是多少，哪部分销售收入的利润最高，各部分销售收入和预算与同期相比是否发生变化，原因是什么，销售收入增长的根本逻辑是什么，阻碍销售收入增长的因素在哪里，如何实现收入增长，盈亏平衡点的销售收入是多少。

第二，如何实现变动费用的减少，总体边界水平与同期相比是否发生变化，各项费用的改变对边界的影响有多大，哪笔费用削减不影响销售收入，哪笔费用增加可以增加销售收入。

第三，如何提高固定费用分摊，每增加一笔固定费用需要增加多少营业额才能养活，每增加一个人的边界成本？固定费用减少的有效策略是什么。

阿米巴的核心理念是人人都是经营者，就是把老板的经营理念复制到每个层级。从管理迈向经营，管理对过程负责，经营对利润和结果负责。它实现了企业、部门、个人在发展方面的统一，同时为企业培养了经营人才。

六、水泥企业阿米巴文化的认同

阿米巴经营模式是一个自下而上的压力传导系统，水泥企业基层员工的思维习惯改变需要一个过程。如果员工习惯了按照领导要求简单执行，不愿意思考和提出解决方案，习惯了把问题交给领导不愿意担责，就会出现不适应甚至抵触情绪。这是水泥企业导入阿米巴经营模式的第三个难点。

阿米巴经营模式的成功落地需要员工从骨子里认可和拥护此项变革，需要一段时间反复的沟通、灌输，一点一滴地把阿米巴理念和思维模式灌输到员工心中。值得借鉴的员工思维转变方式包括以下三点：

第一，在各种正式的定期会议中宣讲，不定期召开分享会、茶话会和沟通会，以非正式的形式沟通；

第二，管理层和执行层经常交流互动，彼此了解在实行阿米巴经营模式之后的真实改变和遇到问题、困惑，并及时进行引导；

第三，各巴长要以身作则主动学习阿米巴的经营理念，多去其他成绩优秀的巴进行学习交流，然后引领团队一起解读经营数据，学习经营方法，改善经营业绩，对比阿米巴模式实施前后的行为差距。

阿米巴的激励体系是帮助企业全体员工认同阿米巴理念的重要工具。阿米巴激励体系首先要明确激励指标，量化激励标准，这方面既要数据化又要合理化。阿米巴奖金来源要清晰，业绩改善部分的一定比例需要和本巴的员工分享，以形成正向激励。阿米巴团队内部成员的分配模型也需要建立，既要考虑不同岗位的价值差异，又要考虑每个人在岗位上的实际表现。职能SAU 的奖金来源于业务 SBU 的业绩改善，这部分的分配方案要明确，一方面避免职能部门自认为做得很好，但是业务部门实际业绩不佳的情况，另一方面避免业务部门只考虑自己不考虑各个职能部门的支持和帮助。

七、水泥企业阿米巴管理系统的迭代

阿米巴经营模式的落地对长期习惯于自上而下大组织运作的水泥企业来说是巨大变革。它解决了水泥企业内平级部门横向协作问题、上下级部门纵向协作问题、部门内运营效率提升问题和人才培养问题，但是也面临内部交易机制设定、巴长能力培养和企业文化转变等巨大挑战。

水泥行业导入阿米巴经营模式在最初的实施过程中必然会遇到一些问题，需要在实际应用场景中根据执行效果进行不断的迭代调整。可以先在一到两家水泥工厂做试点，试点成功后再到其他水泥工厂进行推广，最后再进行整个集团的调整。最初的迭代调整周期可以是每月调整一次，3个月后每3个月调整一次，然后逐渐改为半年甚至一年调整一次。

阿米巴经营模式的本质是自下而上地量化管理模式，是重新打造企业内部的生态系统，是将领导力、职场管理、企业文化这三项管理维度融为一体，实现全员参与经营，以核算衡量员工对企业的贡献。当有越来越多的企业中层和基层管理者能够熟练掌握阿米巴管理模式和运用阿米巴管理工具，能够形成工作习惯时，就能够自主地从企业经营的角度解决所面临的问题。

八、当前市场阶段是水泥企业导入阿米巴经营模式的最佳时机

因为每家水泥工厂的产销模式比较类似，阿米巴运营模式在一家水泥工厂试点成功后就可以快速复制。全国几千家水泥工厂呈现散点式分布，且大多数坐落于偏远地区，而阿米巴运营模式能够很好解决水泥企业集团对几十上百家散点式分布的偏远水泥工厂的有效管理难题。阿米巴运营模式非常适合大型水泥企业提高管理效率和降低管理成本。根据市场和客户的需求，参照各独立阿米巴的经营数据，可以更加量化地衡量水泥企业各职能部门的贡献值，也可以大大降低各业务单元的运营成本。当前中国水泥市场格局逐渐固化，水泥企业的竞争重点逐渐转移到为现有客户提供更好的产品和服务。深度经营水泥现有客户，满足客户的个性化需求，更加适合自下而上的阿米巴经营模式，这与中国水泥企业市场竞合阶段，水泥价格大开大合的模式有很大区别。当前水泥企业纷纷开展水泥主营业务加上下游一体化业务的建材产业园模式，原水泥工厂内部管理工作量和复杂程度大幅度增加，阿米巴经营模式能够更好地帮助新兴的建材产业园梳理产业链一体化市场的价值链，实现水泥一体化协同效应。

水泥企业在落地阿米巴运营模式的起步阶段会面临业绩波动和各种挑战，需要有经验的阿米巴咨询机构提供专业的辅导，但是目前既了解水泥行业又熟悉阿米巴运营模式的咨询机构非常少，尤其是需要贯通水泥销售和水泥生

产两大核心部分的难度更大，这是水泥企业落地阿米巴运营模式的第四个难点。

附加内容：某大型水泥集团阿米巴经营模式案例

某大型水泥集团某区域水泥工厂从 2018 年开始推行阿米巴经营模式并持续 3 年时间。在此期间依据阿米巴经营模式成立了熟料事业部、水泥事业部、骨料事业部、采购事业部等，每个事业部之间进行内部核算，事业部之下再设立子阿米巴和班组。

每个事业部建立日盈亏核算制度，各事业部每天像家庭收支一样进行生产经营数据分析，计算出每日的盈亏数据，并基于"收入最大化、费用最小化"的经营原则持续改进，变事后分析为时时纠偏，对每个阿米巴的销售额、利润、耗费、人工等进行及时、细致的管理，并向员工公开。

事业部与事业部之间的关系确定为内部客户买卖关系，与市场高度对接，各事业部的日销售收入要按市场价计算，只有销售出去或被下道工序消化才能被视为销售，否则生产量再多也没用，同时当市场价格下调时形成倒逼机制，各事业部逐级消化因价格下调造成的收入下降问题，引导各事业部倒逼成本下降，确保利润目标不动摇。

建立权责对等的事业部工作权限，包括：组织管理权限，事业部可以根据提高生产经营管理效率的需要，优化内部部门设置、岗位设置、岗位定编，可以在公司范围内选择优秀员工；采购确认权限，事业部对采购事业部提供的物、品、料进行内部采购价确认，对于质量、价格等不符合本部门要求的，可以退回并要求重新采购；定价磋商权，事业部对上下游提供的产品和服务，以当地市场价格为基准，结合市场价格的倒逼机制，启动协商机制确定内部交易价格；质量补偿权限，事业部可以对低于质量标准的产品或服务，向上下游的协作部门提出通过降价等方式对本部增加的成本予以全额补偿的要求。

通过 3 年的阿米巴经营模式的应用，该水泥工厂大幅地降低了生产经营成本，提升了盈利能力和抗风险能力。阿米巴经营模式把利润目标作为主要考核指标，将总经理一个人管利润的压力实实在在地传导到各盈利部门，提高了各级管理干部的利润意识。阿米巴经营模式的目标是最终实现销售收入最大化、费用最小化，员工目标明确。通过阿米巴经营模式的应用，建立事业部盈利与干部职工收入高度关联的薪酬激励制度，按时兑现奖惩，员工收入增加，员工满意度明显提升。

此项目令人遗憾的地方是没有打通水泥生产、水泥销售和水泥物流环节，更没有涉及建材产业园的上下游一体化协同，而仅涵盖了水泥生产的各个环节。希望后续能够有更多的水泥企业将阿米巴经营模式落地，为水泥行业在管理创效方面提供更多的宝贵经验。

思考题

你对阿米巴经营模式的理解是什么？你所在的水泥工厂能否推行阿米巴经营模式？主要的挑战在哪里？

参考文献

[1] 谭浩波. 阿米巴自运营 [M]. 北京：中华工商联合出版社，2020.

[2] wangdan. 基于"阿米巴"经营理念的企业全员赋能管理提升策略研究——以临沂中联水泥有限公司为例 [EB/OL]. （2022-5-14）[2023-05-18]. http：//m.scipaper.net/show-12-37946.html.

[3] 豫南在线. 新安中联开展阿米巴在水泥企业的应用专题培训 [EB/OL]. （2019-11-17）[2023-05-18]. https：//baijiahao.baidu.com/s? id = 1650424472380520005&wfr = spider&for=pc.

[4] 刘桂宾，张啟文，王玉璞，等. 阿米巴经营模式在预拌混凝土企业中的应用 [J]. 现代企业，2022，2：44-45.

[5] 临沂中联水泥有限公司. 创建绿色新能源产业链 推动水泥新旧动能转换 [EB/OL]. （2020-03-30）[2023-05-18]. http：//www.cbminfo.com/cbmf/xydt/xyxx/6964598/index.html.